U0575328

电商人才培养及其模式创新研究

牙曼莎　著

中国商务出版社
·北京·

图书在版编目（CIP）数据

电商人才培养及其模式创新研究 / 牙曼莎著. — 北京 : 中国商务出版社，2023.11

ISBN 978-7-5103-4881-5

Ⅰ．①电… Ⅱ．①牙… Ⅲ．①电子商务－人才培养－培养模式－研究－中国 Ⅳ．①F724.6

中国国家版本馆CIP数据核字(2023)第209674号

电商人才培养及其模式创新研究

DIANSHANG RENCAI PEIYANG JI QI MOSHI CHUANGXIN YANJIU

牙曼莎 著

出　　版：中国商务出版社	
地　　址：北京市东城区安外东后巷28号　　邮　编：100710	
责任部门：发展事业部（010-64218072）	
责任编辑：刘玉洁	
直销客服：010-64515210	
总 发 行：中国商务出版社发行部（010-64208388　64515150）	
网购零售：中国商务出版社淘宝店（010-64286917）	
网　　址：http://www.cctpress.com	
网　　店：https://shop595663922.taobao.com	
邮　　箱：295402859@qq.com	
排　　版：北京宏进时代出版策划有限公司	
印　　刷：廊坊市广阳区九洲印刷厂	
开　　本：710毫米×1000毫米　　1/16	
印　　张：12.25	字　　数：270千字
版　　次：2023年11月第1版	印　　次：2023年11月第1次印刷
书　　号：ISBN 978-7-5103-4881-5	
定　　价：79.00元	

前　言

随着电子商务的不断发展，人才供给与需求关系发生了深刻变化，面对经济结构深刻调整、产业升级步伐加快、社会文化建设进程的不断推进，特别是创新驱动发展战略的实施，迫切要求高校建立应用型、复合型、创新型电商人才培养模式，调整电商人才培养结构，提高电商人才培养质量，以适应现代电商发展的要求。

本书首先对电子商务做了概述，其次讲述了电子商务模式、电子商务人才与培训，最后研究了跨境电子商务商业模式分析、校企合作的商务英语专业人才培养模式及商务英语人才培养模式的实现途径。本书可供高校电商教育工作者及相关专业人员学习、参考。

本书编写过程中借鉴了一些专家、学者的研究成果和资料，在此特向他们表示感谢。由于编写时间仓促，编写水平有限，不足在所难免，恳请专家和广大读者提出宝贵意见。

目　录

第一章　电子商务概述

第一节　电子商务基础知识

一、电子商务的产生和发展

（一）电子商务的产生

电子商务最早产生于 20 世纪 60 年代，发展于 20 世纪 90 年代，其产生和发展的重要条件主要有以下几个方面。

1. 计算机的广泛使用。近几年以来，计算机的处理速度越来越快，处理能力越来越强，价格越来越低，应用越来越广泛，这为电子商务的应用奠定了基础。

2. 互联网的普及和成熟。由于互联网逐渐成为全球通信与交易最主要的媒体，且全球上网用户呈数量级增长趋势，其快捷、安全、低成本的特点为电子商务的发展提供了应用条件。

3. 信用卡的普及与应用。信用卡以其方便、快捷、安全等特点成为人们消费支付的重要手段，并由此形成了完善的全球性信用卡计算机网络支付与结算系统，为电子商务中的网上支付提供了重要手段。

4. 政府的支持与推动。1997 年欧盟发布了欧洲电子商务协议，美国随后发布了"全球电子商务纲要"，电子商务受到世界各国政府的重视。许多国家的政府开始尝试"网上采购"，这为电子商务的发展提供了有力的支持。

综上所述，没有互联网技术就没有电子商务运行的技术支持；没有经济全球化就没有电子商务应用的市场经济支撑；没有 20 世纪 60 年代末 EDI（电子数据交换）在经济活动中的成功应用，就没有电子商务发展的效益前景；没有知识经济时代高科技的发展和人们思想观念的改变，也就不可能有电子商务模式的创新和发展。

（二）电子商务的发展阶段

美国是互联网的发源地，也是电子商务应用最发达的国家，目前仍占全球电子商务交易额的一半以上。自 1992 年美国政府取消互联网商业应用的禁制后，电子商务推广与互联网扩张互为因果、互相促进，形成良性循环，在美国政府的鼓励和促进下（如 1997 年以来相继提出"网络年""电子商务年"的概念，推动中小企业和政府部门等上网），电子商务迅速推广普及。

电子商务推广应用是一个由初级到高级、由简单到复杂的过程，对社会经济的影响也是由浅入深、由点到面的过程。从网上相互交流需求信息、发布产品广告，到网上采购或接受订单、结算支付账款，企业应用电子商务是从少部分到大部分，直至覆盖全部业务环节。从具体业务领域来看，也是由少到多逐步发展完善，如电子贸易的电子订单、电子发票、电子合同、电子签名；电子金融的网上银行、电子现金、电子钱包、电子资金转账；网上证券交易的电子委托、电子回执、网上查询等。互联网就像一个世纪前电的发明一样正全面改变着社会生活的面貌，如网络学校、电子图书馆、网上书城、电子音乐厅、网上医院、电子社区、网上舞厅、电子棋室、网上投票、虚拟购物中心等，互联网对电子商务的影响无所不至，日益成为人们生活中不可缺少的部分。

电子商务的产生是技术、经济和知识在经济领域应用的结晶，也是商务活动在发展过程中的必然结果。可以说，电子商务的发展经历了以下几个阶段。

第一阶段：电子邮件阶段。这个阶段可以认为是从 20 世纪 70 年代开始的，平均的通信量以每年几倍的速度增长。

第二阶段：信息发布阶段。从 1995 年起，以 Web 技术为代表的信息发布系统，爆炸式地成长起来，成为目前互联网的主要应用阶段。中小企业应把握好从"粗放型"到"精准型"营销时代的电子商务。

第三阶段：EC（Electronic Commerce），即电子商务阶段。之所以把 EC 列为一个划时代的产物，是因为互联网的主要商业用途就是电子商务。也可以说，若干年后的商业信息，主要通过互联网传递。互联网已成为商业信息社会的神经系统。1997 年年底，在加拿大温哥华举行的第五次亚太经合组织非正式首脑会议（APEC）上，美国前总统克林顿提出"敦促各国共同促进电子商务发展"的议案，引起了全球首脑的关注。IBM、HP 和 Sun 等国际著名的信息技术厂商宣布 1998 年为电子商务元年。

第四阶段：全程电子商务阶段。随着 SaaS（Software as a Service）软件服务模式的出现，互联网软件应用延长了电子商务链条，形成了当下最新的"全程电子商务"概念模式。

第五阶段：智慧电子商务阶段。2011 年，互联网信息碎片化及云计算技术愈发成熟，主动互联网营销模式出现，个体经济（Individual Commerce）顺势而出，电子商务摆脱传统销售模式生搬上互联网的现状，从主动、互动、用户关怀等多角度与用户进行深层次沟通。其中以 IZP 科技集团提出的 ICE 最具有代表性。

目前，电子商务出现了许多新的发展趋势，如移动商务、团购、P2P 网上小额借贷、O2O 模式等。

（三）我国电子商务的发展现状

以大数据、云计算、虚拟现实、人工智能等为代表的新一代信息技术和网络技术快速发展，将持续为数字经济、电子商务的创新发展提供支持，构建新的商业模式，酝酿新的应用突破。电子商务与实体店今后会进一步融合发展，流通方式创新和消费升级将为其融合发展提供新机会。

电子商务已经成为我国国民经济增长的新引擎。2015 年中国电子商务交易总额达到 21.8 万亿元，同比增长 35%，网络零售交易总额达到 3.88 万亿元，同比增长 33.33%，连续三年成为全球网络零售规模最大，发展速度最快的电子商务市场。同时中国大型电子商务投资并购创造了历史之最，互联网创业投资超过全国创业投资总额的四分之一，全国电子商务园区数量超过一千家；中国外贸电商平台超过五千家，跨境电商的外贸企业超过二十万家。

我国已成为名副其实的电商大国，与前些年不断烧钱的高潮期相比，电商产业正在步入增速逐步放缓、格局相对固化、竞争显著加剧的瓶颈期与转型期。同时，不容忽视的是，假货、低价、税收、诚信、监管等问题，开始逐渐困扰行业的发展。

新时期我国电子商务发展将呈现"三化四个重点"的新特点。

三化：一是电商与两化融合进一步深化，也就是传统企业利用"互联网 +

电子商务"助力企业转型升级。二是移动互联网推进网购终端移动化,手机网络购物使用比 2014 年至 2016 年从 42.4% 上升到 54.8%。三是电子商务发展通过大数据进一步实现服务精准化。

四个重点:一是农村电子商务将继续快速发展。二是生活服务业电子商务的加速普及和渗透。三是 B2B 电子商务的运用将进一步推进两化深度融合。四是电子商务的服务支撑体系将进一步走向智能化。具体措施有以下几个方面。

1. 继续营造宽松的发展环境

降低准入门槛。全面清理电子商务领域现有前置审批事项,无法律法规依据的一律取消,严禁违法设定行政许可、增加行政许可条件和程序。进一步简化注册资本登记,深入推进电子商务领域由"先证后照"改为"先照后证"。放宽电商市场主体经营场所登记条件,完善相关管理措施。

推进对快递企业设立非法人快递末端网点实施备案制管理。简化境内电子商务企业海外上市审批流程,鼓励电子商务领域的跨境人民币直接投资。放开外商投资电子商务业务的外方持股比例限制。探索建立能源、铁路、公共事业等行业电子商务服务的市场化机制。

合理降税减负。从事电子商务活动的企业,经认定为高新技术企业的,依法享受高新技术企业相关优惠政策,小微企业依法享受税收优惠政策。加快推进"营改增"。

2. 加大服务支持

第一,加大金融服务支持力度。建立健全适应电子商务发展的多元化、多渠道投融资机制。

第二,研究鼓励符合条件的互联网企业在境内上市等相关政策。

第三，支持商业银行、担保存货管理机构及电子商务企业开展无形资产、动产质押等多种形式的融资服务。鼓励商业银行、商业保理机构、电子商务企业开展供应链金融、商业保理服务，进一步拓展电子商务企业融资渠道。

第四，引导和推动创业投资基金，加大对电子商务初创企业的支持力度。

3.维护公平竞争

第一，进一步规范电子商务的市场竞争行为，促进建立开放、公平、健康的电子商务市场竞争秩序。研究制定电子商务产品质量监督管理办法，探索建立风险监测、网上抽查、源头追溯、属地查处的电子商务产品质量监督机制，完善部门间、区域间监管信息共享和职能衔接机制。依法打击网络虚假宣传、生产销售假冒伪劣产品、违反国家出口管制法规政策跨境销售两用品和技术、不正当竞争等违法行为，组织开展电子商务产品质量提升行动，促进合法、诚信经营。

第二，重点查处达成垄断协议和滥用市场支配地位的问题，通过经营者集中反垄断审查，防止排除、限制市场竞争的行为。

第三，加强电子商务领域知识产权保护，研究进一步加大网络商业方法领域发明专利保护力度。

第四，进一步加大政府利用电子商务平台进行采购的力度。

第五，各级政府部门不得通过行政命令指定为电子商务提供公共服务的供应商，不得滥用行政权力排除、限制电子商务的竞争。

4.加强电商行业监管

第一，要加强诚信体系建设，加强对市场主体的监管。

第二，市场主体要开放大数据，与政府监管部门进行共享，使政府部门可以随时随地了解市场和与企业诚信相关情况的动态，随时惩恶扬善，使合规经营的企业脱颖而出。

第三，对网店的管理是电商平台不可推卸的责任。为维护市场秩序，电商平台特别有必要建立严格的市场准入制度，将那些违反诚信记录的卖家纳入黑名单，并且定期进行名单更新，从而为消费者把好第一道关，使消费者能够放心在电商平台购物。

第四，加快建立全国 12315 互联网平台，完善网上交易在线投诉及售后维权机制，研究制定 7 天无理由退货实施细则，促进网络购物消费健康快速发展。

5.鼓励促进就业创业

第一，把发展电子商务促进就业纳入各地就业发展规划和电子商务发展整体规划。

第二，建立电子商务就业和社会保障指标统计制度。

第三，支持中小微企业应用电子商务、拓展业务领域，鼓励有条件的地区建设电子商务创业园区，指导各类创业孵化基地为电子商务创业人员提供场地支持和创业孵化服务。

第四，保障从业人员劳动权益。

6.加强人才培养

第一，加强人才培养培训。支持率校、企业及社会组织合作办学，探索实训式电子商务人才培养与培训机制。

第二，推进国家电子商务专业技术人才知识更新工程，指导各类培训机构增加电子商务技能培训项目，支持电子商务企业开展岗前培训、技能提升培训和高技能人才培训，加快培养电子商务领域的高素质专门人才和技术人才。

7. 推动电子商务信息资源开发利用

第一，建立健全政府信息公开制度，加强政务信息共享。

第二，规范政务信息资源社会化增值的开发利用工作。

第三，提高宏观调控和市场监管能力。

第四，合理规划政务信息的采集工作。

第五，加强政务信息资源管理。

8. 加强物流基础设施完善

第一，加大支持物流配送终端及智慧物流平台建设力度。

第二，支持物流(快递)配送站、智能快件箱等物流设施建设，鼓励社区物业、村级信息服务站（点）、便利店等提供快件派送服务，并支持快递服务网络向农村地区延伸。

第三，推进电子商务与物流快递协同发展。城市应将配套建设物流（快递）配送站、智能终端设施纳入城市社区发展规划。

第四，规范物流配送车辆管理。推动城市配送车辆的标准化、专业化发展；强化城市配送运力需求管理，保障配送车辆的便利通行；鼓励采用清洁能源车辆开展物流（快递）配送业务。

第五，合理布局物流仓储设施。完善仓储建设标准体系，鼓励现代化仓储设施建设，加强偏远地区仓储设施建设。

9. 提升对外开放水平

第一，加强电子商务国际合作。

第二，提升跨境电子商务通关效率。推进跨境电子商务通关、检验检疫、结汇、缴进口税等关键环节"单一窗口"综合服务体系建设，简化与完善跨境电子商务货物返修与退运通关流程，提高通关效率。

第三，推动电子商务走出去。鼓励国家政策性银行在业务范围内加大对电子商务企业境外投资并购的贷款支持力度，研究制定针对电子商务企业境外上市的规范管理政策。简化电子商务企业境外直接投资外汇登记手续，拓宽其境外直接投资外汇登记及变更登记业务办理渠道。

第四，支持电子商务企业建立海外营销渠道，创立自有品牌。进一步开放面向中国港澳台地区的电子商务市场，鼓励发展面向"一带一路"共建国家的电子商务合作，扩大跨境电子商务综合试点。

10. 构筑安全保障防线

第一，保障电子商务网络安全。

第二，确保电子商务交易安全。研究制定电子商务交易安全管理制度，明确电子商务交易各方的安全责任和义务。保障电子商务消费者个人信息安全。

第三，预防和打击电子商务领域违法犯罪行为。建立跨机构合作机制，加大对制售假冒伪劣商品、网络盗窃、网络诈骗、网上非法交易等违法犯罪活动的打击力度。

第四，建立电子商务安全保障体系。

第五，不断完善法律与政策依据充分发挥应急响应组织的作用；建立整体的网络安全架构（包括安全管理、安全保护、安全监控、审计和事件响应与恢复），切实保障电子商务的应用发展。

11. 健全支撑体系

第一，进一步健全法规标准体系。

第二，建立完善电子商务统计制度，扩大电子商务统计的覆盖面，增强统计的及时性、真实性。

第三，加强信用体系建设。

第四，强化科技与教育支撑。

第五，协调推动区域电子商务发展。

第六，依托国家电子商务示范城市，加快开展电子商务法规政策创新和试点示范工作，为国家制定电子商务相关法规和政策提供实践依据。加强对中西部和东北地区电子商务示范城市的支持与指导。

12. 着力创新

发展电子商务，需要从五方面着力创新：一是强化顶层设计，搭建完备的框架体系，营造良好的发展环境。二是积极促进立法，健全以电子商务法为主的法律法规体系，参与国际规则的制定，助推电子商务企业开拓国际市场，站在竞争制高点。三是落实扶持政策，尤其对农村要加大扶持力度。四是继续建设社会诚信体系，保护知识产权，加大打击互联网领域侵权力度。五是创新公共服务的水平，构建商务大数据资源库，完善公共服务平台，大幅度提升商务领域的公共服务水平。

总之，推进我国电子商务的创新发展，应着力完善电子商务跨部门协调工作机制，研究重大问题，加强指导和服务。有关社会机构要充分发挥自身监督作用，推动行业自律和服务创新。相关部门、社团组织及企业要解放思想，转变观念，密切协作，开拓创新，共同推动建立规范有序、社会共治、辐射全球的电子商务大市场，促进经济平稳健康发展。

二、电子商务的含义及特点

（一）电子商务的含义

电子商务是利用微电脑技术和网络通信技术进行的商务活动。各国政府、学者、企业界人士根据自己所处的地位和对电子商务参与的角度与程度的不同，给出了许多不同的定义。

电子商务虽然在各国或不同的领域有不同的定义，但其关键依然是依靠着电子设备和网络技术进行的商业模式，随着电子商务的高速发展，它不仅仅包括购物，还包括了物流配送等附带服务。电子商务包括电子货币交换、供应链管理、电子交易市场、网络营销、在线事务处理、电子数据交换（EDI）、存货管理和自动数据收集系统。

电子商务分为广义的电子商务和狭义的电子商务。广义的电子商务定义为，使用各种电子工具从事商务活动；狭义电子商务定义为，主要利用互联网从事商务活动。无论是广义的还是狭义的电子商务的概念，电子商务都涵盖了两个方面：一是离不开互联网这个平台，二是通过互联网完成的是一种商务活动。

从狭义上讲，电子商务（Electronic Commerce，简称 EC）是指，通过使用互联网等电子工具（这些工具包括电报、电话、广播、电视、传真、计算机、计算机网络、移动通信等）在全球范围内进行的商务贸易活动。电子商务是以计算机网络为基础所进行的各种商务活动，包括商品和服务的提供者、广告商、消费者、中介商等有关各方行为的总和。人们一般理解的电子商务是狭义上的电子商务。

从广义上讲，电子商务一词源自 Electronic Business，就是通过电子手段进行的商业事务活动。通过使用互联网等电子工具，使公司内部、供应商、客户和合作伙伴之间，利用电子业务共享信息，实现企业间业务流程的电子化，配合企业内部的电子化生产管理系统，提高企业的生产、库存、流通和资金等各个环节的效率。

除此之外，还有一些比较有代表性的定义。

1. 各种国际组织的定义

（1）经济合作和发展组织（OECD）将电子商务定义为：电子商务是利用电子化手段从事的商业活动，它基于电子数据处理和信息技术，如文本、声音和图像等数据传输，其主要是遵循 TCP/IP 协议，通信传输标准遵循 Web 信息交换标准，提供安全保密技术。

（2）国际商会于 1997 年 11 月在法国首都巴黎举行了世界电子商务会议（The World Business Agenda for Electronic Commerce）全世界商业、信息技术、法律等领域的专家和政府部门的代表，共同讨论了电子商务的概念问题，提出电子商务是指对整个贸易活动实现电子化，从涵盖范围来看可以定义为：交易各方是通过电子交易方式而不是通过当面交换或直接面谈的方式进行商业交易；从技术角度可以定义为：电子商务是一种多技术的集合体，包括交换数据（如电子数据交换、电子邮件等）、获得数据（如共享数据库、电子公告牌等），以及自动捕获数据（如条形码等）等。电子商务涵盖的业务包括信息交换、售前售后服务（如提供产品和服务的细节、产品使用技术指南、回答顾客意见等）、销售、电子支付（如使用电子资金转账、信用卡、电子支票、电子现金等）、组建虚拟企业（如组建一个物理上不存在的企业、集中一批独立的中小公司、提供比任何单独公司多得的产品和服务等）、公司和贸易伙伴可以共同拥有和运营共享的商业模式等。

（3）世界贸易组织电子商务专题报告中将电子商务定义为：电子商务是通过电信网络进行生产、营销、销售和流通的活动，它不仅指基于互联网上的交易，而且指所有利用电子信息技术来解决问题、降低成本、增加价值和创造商机的商务活动，包括通过网络实现原材料查询、采购、产品展示、订购、出品、储运，以及电子支付等一系列贸易活动。

（4）全球信息基础设施委员会（GIIC）电子商务工作委员会报告草案中将电子商务定义为：电子商务是运用电子通信作为手段的经济活动，通过这种方式，人们可以对带有经济价值的产品和服务进行宣传、购买和结算，这种交易方式受地理位置、资金多少，以及零售渠道所有权的影响，公私企业、公司、政府组织、各种社会团体和一般公民都能自由参加，领域涉及农业、林业、渔业、工业、私营和政府的服务业。电子商务能使产品在世界范围内交易，并向消费者提供多样性的选择。

2.IT 行业对电子商务的理解

1T（信息技术）行业是电子商务的直接设计者和设备的直接制造者，许多公司根据自己的技术特点给出了电子商务的定义。

（1）IBM 提出了一个电子商务的定义公式，即电子商务二"Web+IT"。它所强调的是在网络计算环境下的商业化应用，是把买方、卖方、厂商及其合作伙伴在互联网、企业内部网和企业外部网上结合起来的应用。它是硬件和软件的结合，它不仅仅是强调交易中狭义的电子商务（E-commerce），而且把买方、卖方、厂商及其合作伙伴在互联网、内联网和外联网结合起来的应用，同

13

时强调这三部分是有层次的。只有先建立良好的内联网，建立完善的标准和各种信息基础设施，才能顺利地扩展到外联网，最后扩展到电子商务。

（2）美国惠普公司（HP）提出，电子商务是指从售前到售后支持各个环节实现电子化和自动化的业务流程。电子商务是跨时空的电子化世界（E-world），即 E-commerce+E-business+E-consumer。惠普对电子商务的定义是：通过电子化手段来完成商业贸易活动的一种方式，电子商务使我们能够以电子交易为手段完成物品和服务的交换，是联系商家和客户的纽带。它包括两种基本形式：商家之间的电子商务及商家与最终消费者之间的电子商务。

（3）通用电气公司（GE）认为：电子商务是通过电子方式进行的商业交易，分为企业与企业之间的电子商务和企业与消费者之间的电子商务。企业与企业之间的电子商务以电子数据交换（EDI）为核心技术，以增值网（VAN）和互联网为主要手段，实现企业间业务流程的电子化，配合企业内部的电子化生产管理系统，提高企业从生产、库存到流通（包括物资和资金）各个环节的效率。企业与消费者之间的电子商务以互联网为主要服务提供手段，实现公众消费和服务提供方式，以及相关付款方式的电子化。

3.经济合作与发展组织（OECD）对电子商务概念的理解

经济合作与发展组织曾对电子商务的定义做过深入研究，其研究报告《电子商务的定义与统计》指出，狭义的电子商务定义主要包括利用计算机网络技术进行的商品交易，而广义的电子商务将定义的范围扩大到服务领域。公共统计部门为了数据收集的需要和便利，常常将电子商务局限于某一领域。例如，互联网商务。而国家政策部门为了扩大影响，其电子商务的定义几乎涵盖了经济生活的各个方面，将电子政务归于电子商务之中就是一个典型。

经济合作发展组织认为，类似于其他横向活动一样，很难对电子商务给出一个精确的定义。作为一个通用的定义，电子商务应当包括两个方面：一是交易活动或形式；二是能够使交易活动进行的通信设施。交易活动或形式所涵盖的范围可以是广义的，也可以是狭义的：前者包括大部分不同层次的商务活动，如工程设计、商务、交通、市场、广告、信息服务、结算、政府采购、保健、教育等；后者仅仅包括通过电子化实现的零售或配送等。通信设施可以再分为两个部分：应用软件与网络。所有软件（如网络软件、EDI 软件等）应可以在所有可能的通信网络（如开放的、封闭的、私人的或非私人的网络）上运行。

理解技术与商务过程的相互关系是理解电子商务定义的关键。电子商务的定义应当反映现代经济活动转变的状态，反映信息技术在商务活动中的应用，否则就不能区别存在多年的利用传真或电话进行的电子交易。另外，电子商务的定义也不能局限于使用信息软件和通信技术的商务活动，它应当反映信息软件和通信技术在全部商业过程价值链中的应用。

（二）电子商务的特点

与传统商业形式相比，电子商务不仅实现了商业过程的无纸化，还打破了交易的时空限制，降低了企业的运营成本，提高了企业的运营效率，增加了企业的经营收入。与传统商业形式相比，电子商务具有以下特点。

1. 全球化。由于电子商务是基于互联网进行的，而互联网跨越国界，穿越时空，无论你身处何地，无论白天与黑夜，只要你利用浏览器轻点鼠标，就可以随心所欲地登录任何国家、地域的网站，与你想交流的人直接沟通。因此，电子商务突破了地理界限，使企业可以将产品、服务通过互联网送到任何一个拥有互联网的地方。在互联网络环境下，电子商务的兴起塑造了一个真正意义上的全球市场。

2.低成本。由于电子商务是通过互联网进行信息交互的，一方面可以减少各种票据的印刷成本和快递成本，可以通过无店面经营节约店面租金、水电及人工成本，可以减少多次商业谈判的差旅费用；另一方面，可以减少由于库存积压、商品来回运输所带来的损耗。

3.高效率。电子商务将传统的商务流程电子化、数字化，一方面以电子流代替了实物流，可以大量减少人力、物力，降低成本；另一方面，突破了时间和空间的限制，通过互联网，任何人可以在任何时间访问企业门户网站，查询企业信息，并通过电子邮件进行商品询价。这对跨国界的贸易来说，大大降低了其因时差而造成的不便和低效率。

4.交互性。在电子商务环境下，企业之间可以通过互联网进行交流、谈判、签订合同，消费者也可以通过论坛、邮件、及时聊天工具等方式将自己的意见反馈给企业或商家，这样能够有助于企业或商家根据消费者的意见及时对产品和服务进行调整，从而做到良性互动。

5.整体性。电子商务能够规范事务处理的工作流程，将人工操作和电子信息处理集成为一个不可分割的整体，这样不仅能提高人力和物力的利用率，也可以提高系统运行的严密性。

6.协调性。商务活动本身是一种协调过程，它需要客户与公司内部、生产商、批发商、零售商间的协调，在电子商务环境中，它更要求银行、配送中心、通信部门、技术服务等多个部门的通力协作，电子商务的全过程往往是一气呵成的。

7.安全性。在电子商务中，安全性是一个至关重要的核心问题，它要求网络能提供一种端到端的安全解决方案，如加密机制、签名机制、安全管理、存取控制、防火墙、防病毒保护等。这与传统的商务活动有着很大的不同。

8.集成性。电子商务以计算机网络为主线，可以对商务活动的各种功能进行高度的集成，同时可以对参加商务活动的商务主体各方进行了高度的集成。高度的集成性使电子商务进一步提高了效率。

三、电子商务的功能

电子商务可提供网上交易和管理等全过程的服务，因此，它具有广告宣传、咨询洽谈、网上订购、网上支付、电子账户、服务传递、意见征询、交易管理等各项功能。

(一) 广告宣传

电子商务可凭借企业的 Web 服务器和客户的浏览，在互联网上发播各类商业信息，客户可借助网上的检索工具迅速地找到所需商品信息，而商家可利用网上主页和电子邮件在全球范围内做广告宣传。广告形式的丰富多彩，已经远远超过传统的广告，并且网络广告作为第四类媒体发布的广告，具有传统的报纸、杂志、无线广播和电视等传统媒体发布广告无法比拟的优势，因为它具有交互性和直接性。

(二) 咨询洽谈

电子商务可借助非实时的电子邮件、新闻组和实时的讨论组来了解市场和商品信息、洽谈交易事务，如有进一步的需求，可用网上的白板会议来交流即时的图形信息。网上的咨询和洽谈能超越人们面对面洽谈的限制，提供多种便捷的异地交谈形式。

（三）网上订购

电子商务可借助 Web 中的邮件交互传送实现网上的订购。网上的订购通常都是在产品介绍的页面上提供十分友好的订购提示信息和订购交互格式框。当客户填完订购单后，通常系统会回复确认信息单来保证订购信息的收悉。另外，订购信息也可采用加密的方式，保障客户和商家的商业信息不会泄漏。

（四）网上支付

电子商务要成为一个完整的过程，网上支付是重要的环节。客户和商家之间可采用信用卡账号进行支付。网上支付将需要更为可靠的信息传输安全性控制，以防欺骗、窃听、冒用等非法行为。

（五）电子账户

网上的支付必须要有电子金融来支持，即银行、信用卡公司和保险公司等金融单位提供网上金融服务。电子账户管理是其基本的组成部分，信用卡号和银行账号都是电子账户的一种标志，而其可信度需配以必要的技术措施来保证，如数字证书、数字签名、加密等手段的应用提高了电子账户操作的安全性。

（六）服务传递

对已付款的客户应将其订购的货物尽快地传递到客户手中，而有些货物在本地，有些货物在异地，电子邮件将能在网络中进行物流的调配。最适合在网上直接传递的货物是信息产品，如软件、电子读物、信息服务等，它能直接从电子仓库中将货物发到用户端。

（七）意见征询

电子商务能十分方便地采用网页上的"选择""填空"等格式文件来收集用户对销售服务的反馈意见。这样能使企业的市场运营形成一个封闭的回路。客户的反馈意见不仅能提高售后服务的水平，而且能使企业及时获得改进产品、发现市场的商业机会。

（八）交易管理

整个交易的管理将涉及人、财、物多个方面，包括企业和企业、企业和客户，以及企业内部等各方面的协调和管理，因此，交易管理是涉及商务活动全过程的管理。随着电子商务的发展，良好的交易管理的网络环境及多种多样的应用服务系统将被建立。

第二节　电子商务的组成框架

一、电子商务的概念模型

电子商务的概念模型是对现实世界中电子商务活动的一般抽象描述，它由交易主体（也称"实体"）、电子市场、交易事务和信息流、资金流、物资流等基本要素构成。

在电子商务概念模型中，交易主体是指能够从事电子商务活动的客观对象，如企银行、商店、政府机关等；电子市场是指电子商务交易主体从事商品和服务交换的场它由各种各样的商务活动参与者，利用各种通信装置，通过网络连接成一个统一的经济整体；交易事务是指电子商务交易主体之间所从事的具体的商务活动的内容，如询价、报价、转账支付、广告宣传、商品运输等。

电子商务的任何一笔交易，都包含着四种基本的"流"，即物流、商流、资金流、信息流。其中物流主要是指商品和服务的配送及传输渠道。商流是指物品在流通中发生形态变化的过程，即由货币形态转化为商品形态，以及由商品形态转化为货币形态的过程，随着买卖关系的发生，商品所有权发生转移。资金流主要指资金的转移过程，包括付款、转账、兑换等过程。信息流既包括商品信息地提供、促销、营销、技术支持、售后服务等内容，也包括诸如询价单、报价单、付款通知单、转账通知单等商业贸易单证，还包括交易方的支付能力、支付信誉、中介信誉等。

二、电子商务的组成要素

电子商务的贸易、事务活动主要涉及三大要素：即以信息网为载体的信息流、以金融网为载体的资金流和以配送网络为载体的物流。

（一）信息流

在企业中，信息流分为两种，一种是纵向信息流，发生在企业内部；另一种是横向信息流，发生在企业与其上下游的相关企业、政府管理机构之间。

（二）资金流

资金流是指资金的转移过程，包括支付、转账、结算等，它始于消费者，终于商家账户，中间可能经过银行等金融部门。依靠金融网来实现电子商务活动中资金流的方式主要有：电子现金、电子支票、信用卡等。

（三）物流

物流是指因人们的商品交易行为而形成的物质实体的物理性移动过程，它由一系列具有时间和空间效用的经济活动组成，包括包装、装卸、存储、运输、配送等多项活动。

广义的物流既包括流通领域，又包括生产领域，是指物质资料在生产环节之间和产成品从生产场所到消费场所之间的物理移动；狭义的物流只包括流通领域，是指作为商品的物资在生产者与消费者之间发生的空间位移。

（四）"三流"之间的关系

在商品价值形态的转移过程中，物流是基础、信息流是桥梁、资金流是目的。信息流处于中心地位，信息流是其他流运转的介质，直接影响控制着商品流通中各个环节的运作效率。具体"三流"之间的关系可以表述为：以信息流为依据，通过资金流实现商品的价值，通过物流实现商品的使用价值。物流是资金流的前提与条件，资金流是物流依托的价值担保，并为适应物流的变化而不断进行调整，信息流对资金流和物流运动起着指导和控制作用，并为资金流和物流活动提供决策的依据。

三、电子商务的基本框架

相关学者提出了一个一般的电子商务框架结构，从宏观的角度说明了电子商务的各类应用环境。该系统由五个层次和两个支柱构成。

（一）电子商务的框架层次

1.网络基础设施

信息高速公路实际上是网络基础设施的一个较为形象的说法，它是实现电子商务最底层的基础设施，是信息传输系统。正像公路系统由国道、城市干道、辅道共同组成一样，信息高速公路是由骨干网、城域网、局域网层层搭建，其使得任何一台联网的计算机都能够随时同这个世界连为一体。信息既可能是通过电话线传播，也可能是通过光纤、无线电波的方式传递。

2. 多媒体内容和网络宣传

有了信息高速公路，使得通过网络传递信息成为可能。目前，网上最流行的发布信息的方式是 HTMI（超文本标记语言）的形式，它是将信息发布在互联网上。网络上传播的内容有文本、图像、声音等。HTMI 将这些多媒体内容组织得易于检索且富有表现力。网络本身并不知道传递的是声音还是文字，它把这些信息看作是 0 或 1 的数字串。对这些数字串的解释、格式编码及还原，是由一些用于消息传播的硬件和软件共同实现的，它们位于网络设施的上一层。

3. 报文和信息传播的基础设施

互联网上的信息传播工具提供两种交流方式：一种是非格式化的数据交流，如用 Fax 和 E-mail 传递的消息，它主要是面向人的；另一种是格式化的数据交流，如电子数据交换系统就是典型代表，其传递和处理信息可以是自动化的，无须人为干涉，它主要用于面向机器。商务贸易中的订单、发票、装运单等，这些比较适合格式化的数据交流。HFFP（超文本传输协议）是互联网上通用的消息传播工具，它以统一的显示方式，在多种环境下显示非格式化的多媒体信息。

4. 贸易服务的基础设施

这是开展通用交易业务的基础服务，是所有参加交易的企业、个人都能体验到的服务，通常把这类服务称为基础设施。主要内容包括安全和认证、电子支付、商品目录和价目表服务等。

消息传播工具要想适合电子商务的业务，就需要确保安全和提供认证，确保传递的消息是可靠的、不可篡改的、不可否认的，在有争议时能够提供适当的证据。电子商务服务的关键是安全的电子支付。在进行网上交易时，购买者发出电子付款，可采用电子信用卡、电子钱包、电子支票和电子现金等多种电子支付方式进行网上支付，并随之发出一个付款通知给卖方，卖方通过中介机构对这笔付款进行认证并最终接收。当卖方发出货物后，这笔交易才算完成。为了确保网上支付是安全的，所以必须保证交易是保密的、真实的、完整的和不可抵赖的。目前确保网上支付安全的做法是用交易各方的数字证书，即电子身份证来提供端到端的安全保障。贸易服务包括三个基本部分，即电子销售支付系统、供货体系服务、客户关系解决方案。目录服务将信息妥善组织，为增、删、改提供便利。目录服务是提供这些贸易服务的基础。目录服务支持市场调研、咨询服务、商品购买指南等，是客户关系解决方案的一部分；目录服务可以加速收缩供货链，是供货体系服务的目标。

5. 电子商务应用

在上述基础上，可以一步一步地建设实际的电子商务应用，如供应链管理、视频点播（VOD）、网络银行、电子市场、电子广告、网上娱乐、有偿信息服务、家庭购物等。

（二）电子商务框架支柱

电子商务框架有两个支柱：社会人文性的政策法规和自然科技性的技术标准。

1. 社会人文性的政策法规

电子商务的税收制度、信息的定价、信息访问的收费、信息传输成本、隐私保护问题等,都需要政府制定相应的政策法规法律法规维系着商务活动的正常运作,违规活动就必须受到法律制裁。网上商务活动有其独特性,买卖双方很可能存在地域的差异,他们之间的纠纷如何解决?如果没有一个成熟的、统一的法律系统进行仲裁,纠纷就不能解决。知识产权问题在电子商务活动中尤显突出。如何保证授权商品交易的顺利进行,如何有效遏制侵权商品和仿冒商品的销售,如何打击侵权行为,这些都是制定电子商务法律时应该考虑的问题。法律制定的成功与否关系到电子商务活动能否顺利开展。

另外,税收制度的制定也是一个重要的问题。例如,对咨询信息、电子书籍、软件等无形商品是否征税及如何征税;对汽车、服装等有形商品如何通过海关,如何征税;税收调度是否应与国际接轨及如何接轨等。这些问题若处理不好,就会严重制约电子商务的发展。

2. 自然科技性的技术标准

技术标准定义了用户接口、传输协议、信息发布标准等技术细节。就整个网络环境来说,标准对保证兼容性和通用性是十分重要的。例如,有的国家是左行制,而有的国家是右行制,会给交通运输带来一些不便。再如,不同国家110V 和 220V 的民用电压标准会给人们的电器使用带来麻烦。今天在电子商务中也遇到了类似的问题,因此,目前许多厂商、机构都意识到标准统一的重要性,正致力于联合起来开发统一的标准,如 EDI 标准、TCP/IP 协议、HTTP 协议、SSL 协议、SET 协议等。

第三节 电子商务的分类

一、按参与交易的对象分类

电子商务按电子商务交易涉及的对象、商品内容和进行电子业务交易的企业所使用的网络类型等，对电子商务进行了不同的分类。

（一）企业与消费者之间的电子商务

企业与消费者之间的电子商务（Business to Customer，可以缩写为 B to C 或 B2C）。可以说就是通过网上商店（电子商店）实现网上在线商品零售和为消费者提供其所需服务的商务活动。这是大众最为熟悉的一类，世界上最大的网上书店是亚马逊书店（www.amazon.cn）。企业与消费者之间的电子商务引发了商品营销方式的重大变革，无论企业还是消费者都从中获益匪浅。商业机构对消费者的电子商务基本等同于电子零售商业。目前，网上有各种类型的虚拟商店和虚拟企业，这些商家提供各种与商品销售有关的服务。通过网上商店买卖的商品既可以是实体化的，如书籍、鲜花、服装、食品、汽车、电视等，也可以是数字化的，如新闻、音乐、电影、数据库、软件及各类基于知识的商品。另外，网上商店还能提供各类其他服务，如安排旅游、在线医疗诊断和远程教育等服务。

（二）企业与企业之间的电子商务

企业与企业之间的电子商务（Business to Business，可以缩写为 B to B 或

B2B）是电子商务应用中最重要和最受企业重视的形式，企业可以使用互联网或其他网络针对每笔交易寻找最佳合作伙伴，完成从订购到结算的全部交易行为，包括向供应商订货、签约、接受发票和使用电子资金转移、信用证、银行托收等方式进行付款，以及在商贸过程中发生的其他问题，如索赔、商品发送管理和运输跟踪等。企业对企业之间的电子商务经营额大，所需的各种硬软件环境相对较复杂，但在 EDI 商务成功的基础上发展得最快。

（三）企业对政府方面的电子商务

企业对政府方面的电子商务（Business to Government，可以缩写为 B to G 或 B2G）覆盖了企业与政府组织间的各项事务。例如，企业与政府之间进行的各种手续的报批、政府通过互联网向企业发布采购清单、企业以电子化方式向政府做出的响应、政府在网上以电子交换方式来完成对企业的征税等。这种电子商务经营模式成为政府机关政务公开的手段和方法。

（四）消费者对政府机构的电子商务

消费者对政府机构的电子商务（Customer to Govemment，可以缩写为 C to G 或 C2G）是指政府可以把电子商务扩展到福利费用发放、自我估税，以及个人税收的征收等方面，通过网络实现个人身份的核实、报税、收税等政府对个人之间的行为。

（五）消费者对消费者的电子商务

消费者对消费者的电子商务（Customer to Customer，可以缩写为 C to C 或 C2C）就是消费者个人间的电子商务行为。例如，一个消费者有一台电脑，通过网络进行交易，把它出售给另外一个消费者，此种交易类型就称为 C2C

电子商务。例如，淘宝在 C2C 领域的领先地位暂时还没有人能够撼动，在中国 C2C 市场，淘宝的市场份额超过 60%。

二、按交易涉及的商品内容分类

（一）间接电子商务

间接电子商务涉及的商品是有形的实物商品，如鲜花、书籍、食品、汽车等，交易的商品需要通过传统的渠道，如邮政和商业快递来完成送货，因此，间接电子商务要依靠送货的运输系统等外部要素完成。

（二）直接电子商务

直接电子商务涉及的商品是无形的货物和服务，如计算机软件、电子书、娱乐内容的联机订购、付款和交付，或者是全球规模的信息服务。直接电子商务能使双方越过地理界线直接进行交易，充分挖掘全球市场的潜力。

（三）按开展电子交易的信息网络范围分类

根据开展电子交易的范围不同，电子商务可以分为区域电子商务、全国电子商务和全球电子商务。

区域电子商务是指在一定地理区域内，通过利用本城市或区域内的信息资源实现电子商务活动。区域电子商务利用互联网、局域网将区域范围内的商业系统、金融系统、物流系统和政务系统连接起来，它是开展全国电子商务和全球电子商务的基础。

全国电子商务是指在本国范围内进行的网上交易活动。与区域电子商务相比，全国电子商务的交易范围比较广，对网络软硬件的要求相对较高，需要在全国范围内实现交易、支付、物流等方面的电子化和自动化，且要求从事电子商务活动的从业者具备相应的专业知识和技术能力。

全球电子商务是指在世界范围内进行的电子商务活动。由于全球电子商务横跨了多个国家，因此其涉及的交易系统更为复杂，如交易双方的信息系统、海关系统、检疫信息系统、银行系统、保险信息系统、税务信息系统和国际物流组织信息系统等。

（四）按使用网络的类型分类

根据电子商务所使用的网络类型的不同，电子商务可以分为基于企业内部网络（Intranet）的电子商务、基于企业外部网络（Extranet）的电子商务，以及基于互联网（Internet）的电子商务。

基于企业内部网络的电子商务，主要通过 Intranet 对企业内部的生产、人力资源分配、资金调度等活动进行网络集成管理，从而达到降低企业内部管理成本、加速企业内部资金周转和提高企业内部工作效率等目的。

基于企业外部网络的电子商务是通过与企业联盟或合作伙伴的计算机网络系统之间进行点对点的贸易、商务数据交换和自动处理来完成的。

基于互联网的电子商务就是利用互联网开展电子商务活动。它是一个基于 TCP/IP 协议组织起来的松散的、独立的、具有国际合作性质的国际互联网络。由于在互联网上不但可以开展各种形式的电子商务业务，而且发展迅速，因此，基于互联网的电子商务成为当前电子商务的主要形式。

第四节　电子商务带来的社会变革

电子商务作为一种商务活动,它不是孤立存在的,它对人类生活、政府决策、企业管理,以及社会经济等方面都会产生深远的影响。

一、电子商务对个人生活的影响

随着互联网的普及和电子商务的兴起,人们的生活、工作、学习、娱乐方式等各个方面都在发生着翻天覆地的变化。

(一) 信息传播方式的改变

随着通信技术的不断发展,互联网不仅是人们在生活、工作、学习、娱乐等方面的通信工具,也是一种新的传播媒介。作为通信工具,互联网不仅能够通过电子邮件、网上电话、网上传真、网上寻呼等功能实现私人需求,还能满足电子商务的通信需求。作为传播媒介,互联网具有访问成本低、可随时随地访问、传播便捷及时空上的独立性等优点。因此,通过互联网,客户可以根据自己的需求随时随地获取信息、提出疑问。

(二) 生活方式的改变

尽管有人对逛商店、直接面对营业员讨价还价等传统购物方式乐此不疲,但随着生活节奏的加快,很多人视逛商店购物为一种负担。例如,有些人认为购物逛商店太费时间;有些人出于不愿面对营业员冷淡或过于热情的态度;有些人不善于讨价还价;有些人不想公开自己购物的隐私。随着互联网逐渐融入人们的日常生活,消费者在互联网上浏览商品,直接在网上完成购物、支付,

29

由商家将商品送到消费者手中，已经成为一种时尚，并正在被越来越多的人所接受和使用。与传统购物相比，网购呈现出以下几个方面优越性。

（1）多选择性。电子商务中电子商店的容量是无限大的，可以陈列比大型超级市场更多的商品。人们可以更广泛地交流，获得更多、更具体的信息，不受时间、地点的限制。

（2）节约社会劳动和经济资源。电子商务使以销定产更为简便易行，可以密切地衔接商品生产和消费，减少盲目生产和库存积压，从而节约社会劳动和经济资源。

（3）节省时间，享受低价。通过网上购物，消费者能够得到价格上的实惠，能够享受到价格相对低一些的商品和服务。因为电子商务相对实体商店来说减少了中间采购、库存、交易等环节的成本，商店价格中也就减少了中间费用。

（4）保护个人隐私。在购买一些属于个人隐私的物品时，在实体商店难免会碰上熟人，而在电子商务环境中就完全可以避免这种尴尬。

（5）满足个性化消费需要。通过电子商务提供的商品与在线服务可以为单个消费者"度身制衣"，定制个性化产品与服务，满足消费者个性化的需要。

（6）提供更有效的售后服务。企业可以通过互联网提供售后服务。除此之外，人们还可以在互联网上发表自己的意见、参加聚会、玩游戏、看电影、听音乐、看书等。任何年龄阶段的人都可以通过互联网找到自己感兴趣的事物，如通过"58同城"网站，人们能够很好地满足其在衣食住行等方面的各种需求。

（三）工作方式的改变

随着互联网的普及和电子商务的兴起，人们的工作方式变得更加灵活，使得在家工作已经成为现实。例如，企业高层领导或者企业之间的商业谈判等，就可以通过远程视频会议来进行，而无须再花费更多的时间在路上，这样不仅能够减轻城市的交通负担，而且有助于减少因交通出现而造成的城市空气污染。同时，电子商务的发展改变了传统的社会就业结构，对人们的知识、能力和技能提出更高的要求。企业员工、政府职员、学校教师甚至是社会各行各业的就业者都必须熟悉和掌握电子商务的一些基本操作规程，那些既懂得经营管理业务又懂得电子商务技术的复合型人才将成为人才市场上的首选。就业将从传统职业转向要求信息技能、有较高认知推理能力的职业。

1. 消费方式的改变

随着电子商务的迅速发展及电子支付和物流配送等服务的完善，现在，人们能够真正做到足不出户就可货比三家，利用网络账户可以在任何时间、任何地点，通过网银服务实现包括储蓄、转账、信用卡、证券、交易、保险和公司财务管理等多种业务。

2. 教育方式的改变

随着通信技术的不断发展，网络远程教育也越来越普及。网络远程教育是以计算机通信技术和网络技术为依托，采用远程实时、多点、双向交互式的多媒体现代化教学手段，可以实时传送声音、图像、电子课件和教师板书，身处两地的师生能像现场教学一样进行双向视听问答。网络远程教育能够很好地发挥"好教师、好教材"的优势，为各个年龄层次、各种知识结构、各种需求层次和各个行业的从业者提供了一种新的学习途径，它突破了传统教育体系及资源在时间、空间和资源上的限制。

二、电子商务给企业带来的变革

(一) 电子商务将改变企业商务活动的方式

传统的商务活动最典型的情景就是"推销员满天飞""采购员遍地跑""说破了嘴、跑断了腿",消费者在商场中精疲力尽地寻找自己所需要的商品。现在,通过互联网消费者不但可以直接进入网上商场进行浏览和采购各类产品,而且可以得到在线服务;商家可以利用网络与客户联系、进行货款结算服务;政府可以方便地进行电子招标、政府采购等活动。

(二) 电子商务正改变企业的生产方式

由于电子商务是一种快捷、方便的购物手段,消费者的个性化、特殊化需要可以完全通过网络展示在生产商面前,为了取悦顾客,突出产品的设计风格,制造业中的许多企业纷纷发展和普及电子商务。

(三) 电子商务正给传统行业带来一场革命

电子商务能够覆盖商务活动的全过程,通过人与电子通信方式的结合,可以极大地提高商务活动的效率,减少不必要的中间环节。传统的制造业借此进入小批量、多品种的时代,使"零库存"成为可能。同时,电子商务为传统零售业和批发业开创了"无店铺""网上营销"的新模式,各种线上服务为传统服务业提供了全新的服务方式。

(四) 电子商务正带来一个全新的金融业

由于在线电子支付是电子商务的关键环节,也是电子商务得以顺利发展的基础条件。随着电子商务在电子交易环节上的突破,网上银行、银行卡支付网络、银行电子支付系统，以及电子支票、电子现金等服务将传统的金融业带入一个全新的领域。

（五）电子商务正超越国界

许多电子商务企业，无论是做商品贸易的企业，还是提供无形有偿服务的企业，他们都盯上了国际市场这个巨大的潜在发展空间。许多国家的政府和国际组织纷纷鼓励本国电子商务企业积极参与国际贸易竞争，以促进本国经济的发展和就业。尽管这种国际贸易面临高的运输成本、语言障碍和货款支付，以及结算等方面的问题，但随着全球经济一体化进程的提速和电子商务法规的日趋完善及电子商务模式的创新，将会逐步扫清这些障碍。

总而言之，作为一种商务活动过程，电子商务正带来一场史无前例的革命，其对社会经济的影响远远超过商务的本身。除了上述这些影响，电子商务还将对就业、法律制度及文化教育等领域发展带来巨大的影响。

三、电子商务对政府的影响

（一）政府的政策导向

电子商务具有全球性的特点，因此，企业与企业之间及企业和消费者之间的交易活动，必然会导致贸易环境的开放。在电子商务环境下，政府作为社会的管理者，必然要对日益开放的交易环境下所进行的交易活动做出进一步的规范。由于电子商务突破的是时空限制，而一国法律往往有其国界限制，所以需要各国政府通过协商来制定并完善与国际贸易相关的政策、法规，从而确保各国在国际电子商务交易中的利益。

（二）政府机构的业务创新

电子商务交易的无形化、网络化必将促使各国政府对国际贸易的监管方式进行创新，特别是在关税征收、海关监管、进出口检验等方面，必须尽快适应电子商务的发展需要。对中国政府来说，一方面要积极与世界各国合作，共同推进电子商务在国际贸易中的发展；另一方面，要在国际贸易的管理上加强电子商务的应用，如出口商品配额发放、电子报关、进出口商品检验等方面要尽快与国际接轨，使政府在推动电子商务的发展中成为主导力量。

（三）政府在安全认证中的作用

由于电子商务是在互联网上进行的，交易双方都无法确认对方的身份，如何取得对方的信任和保证电子交易的安全则是电子商务中最关键的问题。在互联网上，一般是通过第三方认证的方法来确定对方的身份。由于政府既是社会的监管者又是社会的服务者，且政府机构具备法律效力和权威性，能够进行电子商务活动的仲裁和各方面的信誉保证。因此，政府有责任承担起电子商务中最重要和最权威的安全认证机构（CA）。即使政府不直接组建，通过委托有关机构履行这一职能，也需要对其实施有效的管理。

四、新一代电子商务——物联网

随着信息技术的迅速发展，电子商务已经成为 21 世纪全球关注的焦点，从最初人们认为网上做生意是一种天方夜谭，到如今各企业和个人纷纷涉及电子商务，只用了短短的十几年，可见电子商务发展速度之快，影响范围之广。从最初的网上支付不安全、诚信体系不完善、物流不畅通，到如今的全球支付、诚信保障、全球快递，基础设施的完善和互联网交易环境的成熟，让电子商务的发展更加迅猛。

物联网是新一代信息技术的重要组成部分。顾名思义，物联网就是物物相连的互联网，其包含两层意思：其一，物联网的核心和基础仍然是互联网，它是在互联网基础上延伸和扩展的网络；其二，物联网的用户端延伸和扩展到了任何物品与物品之间，可以进行信息交换和通信。综上所述，物联网的定义是通过射频识别、红外感应器、全球定位系统和激光扫描器等信息传感设备，按约定的协议，把任何物品与互联网连接起来，进行信息交换和通信，以实现智能化识别、定位、跟踪、监控和管理的一种网络。

（一）与传统的互联网相比，物联网有其鲜明的特征

首先，它是各种感知技术的广泛应用。物联网上安置了海量的、多种类型的传感器，每个传感器都是一个信息源，不同类别的传感器所捕获的信息内容和信息格式不同。传感器获得的数据具有实时性，按一定的频率周期性地采集环境信息，不断更新数据。

其次，它是一种建立在互联网上的泛在网络。物联网技术的重要基础和核心仍旧是互联网，通过各种有线和无线网络与互联网融合，将物体的信息实时准确地传递出去。在物联网上的传感器定时采集的信息需要通过网络传输，由于其数量极其庞大，形成海量信息，在传输过程中，为了保障数据的正确性和及时性，必须适应各种异构网络和协议。

最后，物联网不仅提供了传感器的连接，而且其本身具有智能处理的能力，能够对物体实施智能控制。物联网将传感器和智能处理相结合，利用云计算、模式识别等各种智能技术，扩充其应用领域。从传感器获得的海量信息中分析、

加工和处理出有意义的数据，以适应不同用户的不同需求，发现新的应用领域和应用模式。

（二）物联网技术架构通常分为感知层、网络层和应用层三层

感知层由各种传感器及传感器网关构成。感知层的作用相当于人的眼耳鼻喉和皮肤等神经末梢，它是物联网识别物体、采集信息的来源，其主要功能是识别物体和采集信息。

网络层由各种私有网络、互联网、有线和无线通信网、网络管理系统、云计算平台等组成，相当于人的神经中枢和大脑，负责传递和处理感知层获取的信息。

应用层是物联网和用户（包括人、组织和其他系统）的接口，它与行业需求结合，实现物联网的智能应用。

（三）物联网的作用

物联网一方面可以提高经济效益，大大节约成本；另一方面，可以为全球经济的复苏提供技术动力。目前，欧盟、美国和中国等国家和地区都在投入巨资深入研究探索物联网。

物联网的应用领域非常广泛，在绿色农业、工业监控、公共安全、城市管理、医疗、智能家居、智能交通和环境监测等领域大有作为。此外，物联网普及以后，物联网用于动物、植物、机器、物品的传感器与电子标签及配套的接口装置的数量将大大超过手机的数量。

要建立一个有效的物联网需要两个重要因素，一是规模性，二是流动性。上海移动目前已将超过 10 万个芯片装载在出租车、公交车上，形式多样的物

联网应用在各行各业大显神通,以确保城市的有序运作。在上海世博会期间,"车务通"全面运用于上海公共交通系统,以最先进的技术保障世博园区周边大流量交通的顺畅。同时面向物流企业运输管理的"e物流",将为用户提供实时准确的货况信息、车辆跟踪定位、运输路径选择、物流网络设计以及优化等服务,从而大大提升物流企业的综合竞争能力。

第二章　电子商务模式

第一节　电子商务模式概述

一、电子商务模式的定义

商务模式最早出现于 20 世纪 50 年代，直到 20 世纪 90 年代才开始被广泛使用和传播。目前，虽然这一名词出现的频率极高，但关于它的定义仍然没有一个权威的版本。商业模式是指一个完整的商品流、服务流及信息流体系，包括每一个参与者和他在其中起到的作用，以及每一个参与者的潜在利益和相应的收益来源和方式。

商务模式是一种包含了一系列要素及其关系的概念性工具，用以阐明某个特定实体的商业逻辑。它描述了公司所能为客户提供的价值以及公司的内部结构、合作伙伴网络和关系资本等用以实现（创造、推销和交付）这一价值并产生可持续盈利的要素。在分析商务模式过程中，主要关注企业在市场中与用户、供应商、其他合作伙伴的关系，尤其是彼此间的物流、信息流和资金流。

商务模式具有以下两个特征。

第一，商务模式是一个整体的、系统的概念，而不仅仅是一个单一的组成因素。如收入模式（广告收入、注册费、服务费），向客户提供的价值（在价格上竞争、在质量上竞争），组织架构（自成体系的业务单元、整合的网络能力）等，这些都是商务模式的重要组成部分，但并非全部。

第二，商务模式的组成部分之间必须有内在联系，这个内在联系把各组成部分有机地关联起来，使它们互相支持、共同作用，形成一个良性的循环。

电子商务出现后，人们更关心商务模式，对电子商务模式的研究虽然有很多理论模型，但获得业内一致认同的分类方法是把企业和消费者作为划分标准，分别划分出企业对企业（B2B）、企业对消费者（B2C）和消费者对消费者（C2C）的电子商务模式。电子商务模式是指通过互联网销售商品、提供服务的体系。

二、电子商务模式的分类

研究和分析电子商务模式的分类体系，既有助于挖掘新的电子商务模式，为电子商务模式创新提供途径，也有助于企业制定电子商务策略和实施步骤。电子商务模式可以从多个角度建立不同的分类框架，按商业活动运作方式可分为完全电子商务和不完全电子商务。完全电子商务是指完全通过电子方式实现整个交易过程；不完全电子商务则是指整个交易过程没有完全电子化。例如，商务洽谈、产品搜索通过电子手段完成，而支付过程采用传统方式实现。

电子商务模式主要涉及企业经营的基本盈利方式、服务对象和服务内容，不同的电子商务模式直接关系到企业构造电子商务系统所采取的策略。按电子商务系统中发生交易双方的相互关系划分，最简单、常见的分类莫过于 B2C、B2B、C2C 三种模式，但就各模式还可以再次细分，如 O2O 模式、团购模式、移动电子商务模式等。如果企业的服务对象以普通消费者为主，那么未来商务模式基本是一种企业对消费者（B2C）的模式，而电子商务系统则可能需要突出电子商务社区或电子零售功能；如果企业的服务重点是企业，那么未来的电子商务系统就可能侧重建立良好的电子商务市场，以更好地满足企业开展对企业（B2B）交易的需要。

第二节　B2B 电子商务模式

一、B2B 电子商务模式的定义

在电子商务的几种模式中，B2B 既是电子商务的一种重要模式，也是企业在激烈的市场竞争中改善竞争条件、建立竞争优势的主要方式。无论从交易额看，还是从交易范围看，B2B 电子商务都有着举足轻重的地位，是现在和未来电子商务发展的主流。

B2B（Business to Business）是企业与企业之间的电子商务，是企业与企业之间通过互联网进行的各种商务活动，如谈判、订货、签约、付款以及索赔处理、商品发送管理等。B2B 电子商务也被称为批发电子商务，目前非常火爆的 B2C 电子商务主要指的是商家对顾客。B2B 和 B2C 最大的区别在于，B2B 是企业通过信息平台或 B2B 网站，紧密联系上游的供应商和下游的代理商，从而降低交易成本，提高客户满意度，促进企业更好地发展。例如，一个生产彩电的企业要采购电阻，在网上发布采购信息，与另一家生产电阻的公司达成交易，这种交易形式就可称之为 B2B 电子商务。B2B 电子商务在我国得到了广泛的发展，如阿里巴巴、慧聪网、中国纺织网、中国化工网等 B2B 电子商务平台都获得了巨大的成功。

从电子商务的发展趋势来看，企业与企业之间的电子商务将是电子商务业务中的重头戏。就目前来看，电子商务最热心的推动者是商家，因为相对来说，企业和企业之间的交易是大宗的，是通过引入电子商务能够产生大量效益的地方。

传统企业间的交易往往要耗费企业的大量资源和时间，无论是销售和分销还是采购都要占用产品成本。通过 B2B 的交易方式买卖双方能够在网上完成整个业务流程，从建立最初印象，到货比三家，再到讨价还价、签单和交货，最后到客户服务。B2B 使企业之间的交易可以减少许多事务性的工作流程和管理费用，降低了企业经营成本。网络的便利及延伸性使企业扩大了活动范围，企业发展跨地区跨国界更方便，成本更低廉。

B2B 不仅仅是建立一个网上的买卖者群体，它也为企业之间的战略合作提供了基础。任何一家企业，不论它具有多强的技术实力或多好的经营战略，要想单独实现 B2B 是不可能的。单打独斗的时代已经过去，企业间建立合作联盟逐渐成为发展趋势。网络使得信息通行无阻，企业之间可以通过网络在市场、产品或经营等方面建立互补互惠的合作，形成水平或垂直形式的业务整合，以更大的规模、更强的实力、更经济的运作真正达到全球运筹管理的模式。

二、B2B 电子商务模式的优势

B2B 电子商务提供了企业间虚拟的全球性贸易环境，大大提高了企业间商务活动的水平和质量，其优势突出表现在以下几个方面。

（一）降低成本

对企业而言，千方百计地降低成本是提高其竞争力的重要策略，电子商务对企业降低成本是行之有效的途径。

一方面，电子商务能够降低营销成本。在任何商务活动中，经营者之间都要相互了解，互通信息，进行详细深入的沟通和交流。与传统的营销方式相比，网络可以使企业以较低的费用进行宣传推广和信息传递。例如，企业既可以利用各类门户网站制作链接和旗帜广告，也可以建立自己的网站为客户提供即时的商业信息、商品目录。

另一方面，电子商务可以降低采购成本。对企业来说，物资的采购是一个复杂的过程，需要耗费大量的时间、费用进行市场调查，而利用互联网进行采购，可以减少采购过程中人力、印刷、邮寄等的费用。企业通过与供应商建立企业间电子商务，实现网上自动采购，可以减少双方为进行交易投入的人力、物力和财力。另外，采购方企业还可以通过整合企业内部的采购体系，统一向供应商采购，实现批量采购获取折扣。例如，沃尔玛将美国的3000多家超市通过网络连接在一起，统一进行采购配送，通过批量采购节省了大量的采购费用。同时，通过在网上公开招标，可以为企业提供更多的采购机会和更低的采购成本。

（二）提供超越时空界限的服务

B2B电子商务帮助企业打破了时空的界限，使企业可以随时随地宣传其形象，发布产品信息，并与客户、合作伙伴进行全方位的信息交流和沟通，企业的网站可以全天候为客户、合作伙伴提供企业的相关信息。在地域上．企业可以跨越国界把市场拓展到世界上的任一个角落，增加企业的贸易机会。企业通过与潜在的客户建立网上商务关系，可以覆盖原来难以通过传统渠道覆盖的市场，增加企业的市场机会。例如，通过网上直销，约有20%的新客户来自中小企业，通过与这些企业建立企业间电子商务，可以大大降低双方的交易费用，增加中小企业客户网上采购的利益动力。

（三）缩短订货和生产周期

更快、更准确的订单处理，可以降低安全库存量，提高库存补充的自动化程度，增强企业的快速反应能力。电子商务的应用可以加强企业内部及企业间联系的深度和广度，改变过去信息封闭的分阶段合作方式，使分布在不同地区的人员可以通过互联网协同工作，从而最大限度地减少因信息传递效率低而出现等待的时间。例如，波音公司的零配件是从供应商采购的，而这些零配件很大一部分是满足航空公司维修飞机时使用。为减少中间的周转环节，波音公司通过建立电子商务网站实现波音公司的供应商与顾客之间的直接沟通，大大减少了零配件的周转时间。因此，B2B 电子商务可以缩短产品的生产周期，企业可以以同等的或较低的费用生产和销售更多的产品。

（四）拓展市场，增强企业竞争力

B2B 电子商务给企业带来了全新的商务运作模式，买卖双方可以通过互联网获得丰富的供求信息，开拓广阔渠道，寻找商机，获得客户，提高工作效率。B2B 电子商务可以使企业随时了解国际市场的供求变化，获得第一手的商业信息，用较低的成本与全球的贸易伙伴轻松沟通。B2B 电子商务是过去商务关系和商务活动的延续，是构筑在高信任度和商务合同基础上的商务关系，能够更大限度地增加企业对企业大笔交易的潜在效益。这表现为供应的集中和配送的自动化实现，使企业能够快速开拓市场，增加贸易机会，增强竞争能力。

三、B2B 电子商务的交易模式

目前企业采用的 B2B 有两种模式：水平 B2B 和垂直 B2B。

（一）水平 B2B

水平 B2B 是将各个行业中相近的交易过程集中到一个场所，为企业的采购方和供应方提供一个交易的机会，如阿里巴巴、环球资源网、慧聪网、中国制造网、赢商网等。

（二）垂直 B2B

垂直 B2B 可以分为两个方向，即上游和下游。生产商或商业零售商可以与上游的供应商之间形成供货关系，如戴尔电脑公司与上游的芯片和主板制造商就是通过这种方式进行合作的。生产商与下游的经销商可以形成销货关系，如思科与其分销商之间进行的交易。

四、B2B 电子商务模式的运作

（一）水平 B2B 的运作

B2B 电子商务的另一种形式是基于中立的网上交易市场模式，也称网上交易市场解决方案，是指由买方、卖方之外的第三方投资建立起来的中立的网上交易市场。第三方本身不参与交易，它提供买卖多方参与的电子交易市场平台，是一对多的卖方集中和多对一的买方集中交易模式的综合，如阿里巴巴网站就是典型的中立的网上交易市场。

网上交易市场的发展初期更多地表现为一种买卖企业信息发布和交易撮合的信息平台。随着企业信息化应用的不断深入，将企业内部运作的业务系统通过网上交易市场与合作伙伴联系起来，这将是中小企业信息化应用未来的发展方向。

网上交易市场有别于某些以供需信息为主导的 B2B 网站的根本所在，它的每个成员都拥有自己的交易系统，可实现内部运作与交易的一体化，从而明显提高信息的价值。它的另一个显著特点就是着重强调开放性和标准化，只有满足这两个条件，网上交易才能真正开展起来，企业才能真正参与到网上交易市场中。

（二）垂直 B2B 的运作

1. 基于买方市场的运作模式

基于买方市场的运作模式是指一个卖家与多个买家之间的交易模式，也称集中销售模式或者卖方解决方案。卖方（如生产商、供应商）在网上发布欲销售的产品信息（产品名称、规格、数量、交货期、参考价格），吸引买方前来认购。

基于买方市场的运作模式可以实现企业加快产品的销售过程（特别是新产品的推广）、降低销售成本、扩展卖方渠道（包括数量、区域）等目的。这种模式的一个显著特征是它比较偏向为卖家提供服务，而不会更多兼顾到买家的利益。

目前在这种模式中，出现了几家大型的卖家联合起来组建交易平台面向多个买家的形式。例如，位于芝加哥的固安捷公司（Grainger），它主要是供应工程设备，但并不是什么都有，所以 Grainger 就与其他的供应商联合。如果制造商 A 供应锤子，而与 A 联合的供应商 B 供应钉子，作为房产建造商的买家 C 到 A 的网站上来寻找他所要的产品就容易多了。

2. 基于卖方市场的运作模式

B2B 电子商务最普通的模式是卖方集中模式，也称为集中采购模式或者买方解决方案，是指一个买家与多个卖家之间的交易模式。买方发布需求信息（产品名称、规格、数量、交货期），召集供应商前来报价、洽谈、交易。对一些大型的公司来说，查看、比较供应商的信息成本是相当高的，因此，一些大型用户可以通过在自己的服务器上建立一个市场来邀请广大的供应商进行竞价。

通常企业自建的、服务本企业的电子采购就是这种模式，一般以大型企业为主。因为该类公司负责管理旗下所有企业的统一采购。通过物资采购网能使采购过程公开化、规范化，实现了信息共享，加快了信息流动速度，扩大了询价、比价范围，节省了交易费用，强化了监督控制体系，提高了整个运营环节的工作效率。它不仅产生了规模效益，而且由于公司掌握整个数据流，对整个交易的监督、管理、考评、分析等工作有着不可估量的价值。这种方式可以由几家大买家共同构建平台用来联合采购，因为投资者希望通过联合买家的议价力量得到价格上的优惠。这类网站最适合的是企业的非直接性物料采购，如办公文具等。这类网站有一个显著的特征，它比较偏向为买家提供服务，而不会更多兼顾到供应商的利益。例如，零售业交换市场（World Wide Retail Exchange）就是由大约 27 家零售商联合创办的。再如，通用电气公司（GE）的信息服务公司的创立始自通用电气公司内部有关合并采购的举措，开始仅限于一个分公司（通用照明公司），接着扩大到所有分公司，最后它越出通用电气公司的扩展范围，将业内其他主要公司也包括进来，组成了一个采购联盟，这样处理订货的时间从一周缩短到了一天，处理成本下降，价格也能下降 10%~15%。

五、B2B 电子商务网站的盈利模式

在十几年的发展中，我国电子商务可以说是在波折中前进，螺旋式上升，电子商务网站的盈利模式从单一化走向多元化。B2B 网站盈利的主要方式有以下几种。

（一）会员服务费

会员服务费是大部分电子商务网站向会员以年为单位收取的综合性服务费，其中一般包括帮助会员建立旺铺、网络推广、信息查阅等费用。企业通过第三方电子商务平台参与电子商务交易，必须注册为 B2B 网站的会员，每年只有交纳一定的会员服务费，才能享受网站提供的各种服务，目前会员服务费已成为我国 B2B 网站最主要的收入来源。

收取会员服务费是 B2B 网站最早的一种盈利模式，也是最简单直接的方法，不过在网站初期很难做到。随着搜索引擎的发展，很多网站通过 SEO，使网站信息可以排到其他网站前面，从而达到在网站没有名气时也可以通过这种方式收取会员服务费，收取会员服务费以后，会员可以在网站上发布一定数量的信息，而信息可以在搜索引擎里排到前面，从而达到双方互利互惠的目的。典型企业如阿里巴巴、中国制造网、生意宝、聚宝盆 B2B、贸发网等。

与网站专业性升级同等重要的是 B2B 网站的信息公众化问题，这同样是为用户提供网络营销价值的重要策略之一。随着阿里巴巴和慧聪等电子商务网站通过网站优化，让大量的商业信息通过公共搜索引擎即可被检索，并且通常在搜索结果中可以获得好的排名，这些 B2B 网站充分利用搜索引擎推广策略为会员创造价值，反过来又可以吸引更多的会员加入，形成一种良性循环的机制。

（二）广告费和站内授名排名费用

这种模式每个网站基本都会做，只有费用多少的区别。网络广告是门户网站的主要盈利来源，同时是 B2B 电子商务网站的主要收入来源。只要流量大的网站，就是可以获取巨额费用的，现在中国企业不但已经认识到了网络广告的魔力，而且这些企业加大了在这方面的投入力度。

目前广告的模式大概有：竞价排名广告、关键词搜索广告、按效果付费广告、整合投放型广告等。

竞价排名广告一般投放在以会员为主的网站或以供求信息发布为主的网站。企业为了促进产品的销售，都希望在 B2B 网站的信息搜索中将自己的排名提前，而 B2B 网站在确保信息准确的基础上，收取一定的费用，根据会员交费的多少对排名顺序做相应的调整，让交费多的用户信息排在最前面。

（三）认证供应商收取的企业信誉认证费

随着进入电子商务模式的企业数量增多，难免鱼龙混杂，出现了客户上当受骗的现象，于是催生了这种认证模式。在会员活动量比较大的网站，认证模式尤为明显，因为一般经过认证的企业更受欢迎，许多企业也非常愿意接受这种认证模式，因为这样可以让企业获得广大客户的信任。典型企业如阿里巴巴、中国制造网等。

（四）增值服务

B2B 网站通常除了为企业提供贸易供求信息，还会提供一些独特的增值服务，包括企业认证、独立域名、提供行业数据分析报告、搜索引擎优化等。例如，现货认证就是针对电子这个行业提供的一个特殊的增值服务，通常电子采购商比较重视库存这一块。另外，针对电子型号做的谷歌排名推广服务也是搜索引擎优化的一种。例如，ECVV 平台就有这个增值服务。

（五）合展展位费、合展广告费、商情刊物

作为互联网企业，不但要关注线上服务，还要关注线下服务。虽然互联网

已经比较发达，但还是有部分企业喜欢通过面对面的形式完成交易，于是这种面对面交易的模式占领了一部分市场，这种模式主要包括展会、期刊、研讨会等。通过展会，供应商和采购商可以面对面地交流，一般中、小企业比较青睐这种模式。期刊主要是关于行业资讯等信息，期刊里也可以植入广告。但要注意的是这种模式的成本相对线上要大一些，操作起来也困难一些。典型企业如慧聪网、环球资源、环球市场网等。

（六）专业技术服务

这种模式一般不会单独出现，而是和其他服务一起。这种模式对技术要求比较高，所以公司必须有一支一流的技术团队。专业技术服务主要项目不但有招聘服务、项目外包服务、在线出版服务等，还可提供一系列围绕企业电子商务应用的技术和工具服务，包括即时通信工具、诚信评估和数字认证工具，站内和站外企业及产品搜索工具、软件管理工具，以及企业网站建设技术服务。典型企业如中国机械专家网、程序员论坛、螺丝网、生意通、阿里软件等。

（七）收取企业交易佣金

虽然综合 B2B 发展得很早，但现在越来越多的企业更关注垂直行业，很多网站专注于一个行业，他们就会在这个行业占据一定的位置，而很多中、小企业也愿意来这种行业网站进行交易。相对来说，行业网站流量要小一些，广告费或其他费用可能难以为继，于是交易佣金是最好的办法。典型企业如阿里巴巴小额外贸平台"速卖通"、兰亭集势、敦煌网、易唐网、贝通网、联畅网等。

（八）招商加盟服务

这种模式实际就是通过海量的广告形式吸引客户找到理想的企业，虽然这种方式前期投入比较大，但后期利润将是无限的，因为招商加盟企业的利润很大，所以网站随之会获取不少的利润。网站的流量一定要做大，尤其要关注网站的排名、访问量等可以量化的数据。销售一般是招聘大量的电话销售人员卖广告和会员。现在这种网站占据了不少的市场。典型企业如中国服装网、医药网、小生意等。

综上所述，在多种盈利模式中，任何一家企业都不会只选择其中的某一种，而是根据自己的实际情况，选择多种模式，并在不断的实践中，最终确定适合自己发展的模式。

第三节　B2C 电子商务模式

一、B2C 电子商务模式的定义

B2C（Business to Customer）是企业与消费者之间的电子商务，B2C 电子商务是按电子商务交易主体划分的一种电子商务模式，即表示企业对消费者的电子商务，具体是指通过信息网络以及电子数据信息的方式实现企业或商家机构与消费者之间的各种商务活动、交易活动、金融活动和综合服务活动，是消费者利用互联网直接参与经济活动的形式。B2C 电子商务是普通消费者广泛接触的一类电子商务，也是电子商务应用最普遍、发展最快的领域。联合国贸易和发展会议（贸发会议）发布的《2015 年信息经济报告》中称，在全球 130 个经济体中，小型欧洲经济体在"企业对消费者（B2C）电子商务"领域最为发达，发展中经济体则在迅速迎头赶上，中国实际上已经成为全球最大的"企业对消费者电子商务"市场。

二、B2C 的构成要素

B2C 的构成要素可以从服务链、产业链、资金链三个方面说明。

（一）服务链

（1）网站。网站是整个 B2C 的灵魂，构建了 B2C 的骨架。从 B2C 涉及的行业、区域、客户群等切入，分析、综合市场需求和行业发展前景，做出科学的、系统的分析报告，并以网站技术和编程实现，构建出满足市场需求的网络服务平台。以 Like face 为例，这个网店的网站构造着重考虑女性消费者的爱好，以其人性化和优美的外观得到许多消费者的好评。

（2）经营和管理人员。经营和管理人员是整个电子商务的策划者、执行者、经营者，自始至终为网站的运行和完善做出自己的贡献。整个过程实质是他们的操纵平台，实现了人性化的服务和互联网的完美结合。电子商务是以网络为平台实现网上购物和网上交易的过程。

（3）产品。产品是电子商务的血液，构成了整个电子商务的大循环。电子商务都是以产品为核心展开的，通过线上展示，线下交易；线上展示，线上交易等方式进行的商业行为。产品的好坏直接决定电子商务的质量和价值高低。以凡客诚品为例，它对自己的产品质量有严格要求，并且可无条件退换货，显示了其对自己产品的信心。

（4）其他工具。其他工具包括仓库、办公场所、电脑、运输工具等，也是构成服务链的重要因素。

（二）产业链

（1）网站维护与推广。网站维护与推广是指网站产品信息发布、更新和产品信息互动，通过网络或者传统媒体使网站的产品信息被更多的人了解和接受。此因素是整个网站和 B2C 电子商务发展的信息基础和产品根基。凡客诚品之所以能够在短短两三年内取得如此大的成就是与其卓越的推广计划密不可分的，几乎在每一个知名网站上都可以看见凡客诚品投放的广告。

（2）购物导购。购物导购是指当客户知道网站有此类产品后来到网站，然后用最快速的方式使客户了解网站和产品。导购是客户和产品的桥梁，通过导购使客户快速得知产品，为客户服务。走秀网在这方面就做得很突出，清晰的分类和准确的搜索可以使用户很方便地找到自己所需要的商品。

（3）采购与库存。采购与库存是指产品在销售前的一系列运作，包括产品选择、竞价、采购、库存管理、分发等工作。

（4）物流运输。物流运输是指客户在通过网站下单经过处理之后，需要配送产品到客户指定地的过程。快速、便捷的物流是企业良好信誉的表现形式之一，是 B2C 电子商务的催化剂。送货的及时性，一直是京东商城、凡客诚品等电子商务公司比拼的撒手铜之一。

（5）售后服务。售后服务是指产品销售出去之后的包括质量、性能、咨询等一系列的服务，为客户解决后顾之忧。售后服务的质量决定着产品的销售，良好的售后服务是销售体系的重要组成部分。

（三）资金链

（1）货到付款。货到付款是最原始的付款方式。商家将商品交给客户，客户查验货物后以现金的方式支付给商家。例如，卓越网、当当网、七星网等网站都支持这种付款方式。这种付款方式的最大优点是不依赖任何支付系统，操作简单.同时能够充分保证消费者的权益，很适用偶尔购物的普通消费者。

这种支付方式对商家来讲则有很大的弊端，商家的货款回笼较慢，同时，货物委托给物流公司存在一定的风险。

（2）汇款。汇款是指客户在完成订单后，通过邮政系统或银行系统汇款，当商家接到汇款后，再将商品发给客户。汇款方式的好处是操作简单，没有技术复杂性，而这种支付方式也有明显的缺点：客户的不方便性、客户换货麻烦、客户安全系数低．一般来说，汇款方式适用购买外地的不易损坏的商品。

（3）电子支付。电子支付是指单位或个人（以下简称客户）直接或授权他人通过电子终端发出支付指令，实现货币支付与资金转移的行为。电子支付的类型按电子支付指令发起方式分为网上支付、电话支付、移动支付、销售点终端交易、自动柜员机交易和其他电子支付。电子支付涉及客户、商家、银行、CA 中心等。

三、B2C 电子商务的运作

网上购物是 B2C 电子商务的很重要的一个模式。在此，以网上购物为例说明 B2C 电子商务交易模式的基本流程。网上购物与传统购物的流程有很大的区别，网上购物以互联网作为媒介，操作过程虽然比较简单，但涉及的参与者较多，并且以电子工具作为操作的基础，其流程原理比传统购物复杂一些。参与网上购物活动的除了商家和消费者，一般还涉及银行、电子商务服务器、CA 等角色。

对消费者来说，在大部分网上商店进行网上购物的基本消费流程大致相同，一般可以分为以下步骤。

第一步：消费者通过互联网上的广告、产品目录、搜索引擎检索等方式得到对自己有用的信息，进入有关的网站并查询自己所需要的产品或服务。

第二步：消费者通过网站提供的订货单填入需要购买的商品或服务的内容，包括品种、规格、数量、价格等，以及送货方式、地址等信息。

第三步：消费者选择付款方式，如信用卡、电子现金或电子支票等。

第四步：商家或企业的电子商务服务器自动检查支付方服务器，确认汇款额是否被认可。

第五步：商家或企业的电子商务服务器确认顾客付款后，通知销售部门或物流公司送货。

第六步：顾客所在的开户银行将支付款项转到顾客的信用卡公司，信用卡公司负责发给消费者收费清单。为保证交易过程的安全性，还需要一个认证机构对网上交易的双方进行认证，以确认他们的真实身份。

B2C 电子商务模式主要适用于网上商店（在线零售商店），网上销售无形产品和劳务与销售实物商品的方式有较大的区别。为了充分利用互联网达到最佳的商业效果，不同的企业应根据自身的经营特点，开发出适合企业发展的电子商务战略模式。可以将 B2C 电子商务分为三种发展模式，即实物商品的电子商务模式、无形产品的电子商务模式、综合的电子商务模式，每一种发展模式都具有自身的特色，下面分别加以介绍。

（一）实物商品的电子商务模式

实物商品指的是传统的有形商品，如电脑产品、书籍、服饰、食品、礼品、鲜花等。这种商品的物流配送不是通过计算机的信息载体，而仍然通过传统的方式来实现。虽然目前在互联网上所进行的实物商品的交易还不十分普及，但网上成交额在不断增加。实物商品的电子商务模式主要是网上商店模式，消费者通过网上商店购买商品是 B2C 电子商务的典型应用之一。网上商店的主要构成部分一般包括商品目录、购物车、付款台和后台管理系统。

（1）商品目录。商品目录相当于网上商店的货架陈列，作用在于使顾客通过最简单的方式找到所需要的商品，内容的丰富程度、美观性、方便性是关键。消费者在访问网上商店的时候，必须方便地寻找到其所需要的商品，因此网上商店还必须配备商品搜索引擎。对商品数量较多的网上商店，必须建立商品数据库，以便其更好地管理商品。

（2）购物车。购物车是用来衔接商店和消费者的工具，是方便消费者选购商品的暂放处。当消费者选择了合适的商品时，既可将其点击放入购物车，也可将放入购物车中的商品取出（改变购物决定），直到最后付款确认。

（3）付款台。付款台是顾客网上购物的最后环节，是网上商店的结算处。首先，消费者要对所订购内容进行确认，生成订单；其次，在付款台选择付款方式，目前国内消费者可以选择信用卡支付、邮局汇款、货到付款等方式。上述过程均可在互联网上实现，而支持网上商店正常运转还需要后台管理系统。

（4）后台管理系统。后台管理系统用来管理网上消费者的订购业务，如处理顾客订单、组织货源、安排发货、监控库存、处理客户投诉、开展销售预测与分析等。后台管理系统是顾客看不见的部分，它一般由网上商店的管理人员来操作，为网上商店的正常运转提供支持，顾客可以查询订购商品的处理过程和结果。后台管理系统在处理商品订单时，系统会自动发出订单通知，在顾客确认或支付后进入下一个环节；在发货时会通知顾客，以提醒顾客注意接收；在估计顾客收到货物时会发出确认信件，以便顾客进行服务质量的评价。

（二）无形产品的电子商务模式

网络本身既具有信息传递的功能，又有信息处理的功能，因此，无形产品（如信息、计算机软件、视听娱乐产品等）往往就可以通过网络直接向消费者提供。无形产品的电子商务模式主要有网上订阅模式、付费浏览模式、广告支持模式和网上赠予模式四种类型。

（1）网上订阅模式。网上订阅模式指的是企业通过网页向消费者提供网上直接订阅，消费者可直接浏览信息的 B2C 电子商务模式。网上订阅模式主要被商业在线机构用来销售报纸杂志、有线电视节目等。网上订阅模式主要有以下几种方式。

一是在线服务（Online Services）。在线服务是指在线经营商通过每月向消费者收取固定的费用而提供各种形式的在线信息服务。例如，美国在线（American Online）和微软网络（Microsoft Network）等在线服务商都使用这种形式，让订阅者每月支付固定的订阅费以享受其所提供的各种信息服务。

二是在线出版（Online Publications）在线出版指的是出版商通过网络向消费者提供除传统纸质出版物外的电子刊物。在线出版一般仅在网上发布电子刊物，消费者可以通过订阅来下载刊物的信息。由于消费者基本上可以从其他途径获取相同或类似的信息，所以以订阅方式向消费者销售电子刊物往往存在一定的困难。因此，近年来大多数出版商开始尝试免费和订阅相结合的双轨制，这样既能吸引一定的访问者，保持较高的访问率，同时又有一定的营业收入。

三是在线娱乐（Online Entertainment）。在线娱乐是无形产品和服务在线销售中令人注目的一个领域。在线娱乐指的是一些娱乐网站向消费者提供在线游戏、在线电影、在线音乐等，并收取一定订阅费用的电子商务模式。目前来看，这一领域运营还比较成功。例如，网络游戏"传奇"在中国开始收费后1个多月就收回了投资，"联众世界""中国游戏在线"等游戏平台也比较流行。

（2）付费浏览模式。付费浏览模式指的是企业通过网页安排向消费者提供计次收费性网上信息浏览和信息下载的电子商务模式，是目前电子商务中发展较快的模式之一。付费浏览模式让消费者根据自己的需要，在网站上既可以有选择性地购买想要的文章、报告等，在数据库中查询的内容也可付费获取。

（3）广告支持模式。广告支持模式是指在线服务商免费向消费者或用户提供信息在线服务，而营业活动全部用广告收入支持。此模式是目前最成功的电子商务模式之一。例如，雅虎（Yahoo）和Lycos等在线搜索服务网站就是依靠广告收入来维持经营活动的，新浪（SINA）和搜狐（SOHU）也是依靠广告收入来支持运作的。很多企业愿意在门户网站上设置广告，特别是设置旗帜广告（Banner），有兴趣的上网者只要点击旗帜广告就可直接到达广告企业的网站，了解更多更详细的内容。

（4）网上赠予模式。网上赠予模式指的是企业借助于互联网全球性和广泛性的优势，向互联网上的用户赠送软件产品，以扩大企业的知名度和市场份额。网上赠予模式的实质就是先试用，然后购买。首先让消费者使用该产品，随后让消费者下载一个新版本的软件或购买另外一个相关的软件，从而实现收益。由于所赠送的是无形的计算机软件产品，用户是通过互联网自行下载，无须配送等服务，所以企业投入的成本很低。如果软件确有其实用特点，那么很快就会被消费者接受。

（三）综合的电子商务模式

实际上，多数企业网上销售并非只采用单一的商务模式，而往往将各种模式结合起来实施电子商务。例如，Golfweb 是一家有 3500 页有关高尔夫球信息的网站，这家网站采用的就是综合模式，其中 40% 的收入来自订阅费和服务费，35% 的收入来自广告，还有 25% 的收入是该网站专业零售点的销售收入。该网站已经吸引了许多大公司的广告，如美国银行（Bank of America）、美国电报电话公司（AT&T）、雷克萨斯公司（Lexus）等。专业零售点开始两个月的收入就高达 10 万美元，该网站既卖服务又卖产品还卖广告，一举三得。由此可见，在网上销售中一旦确定了电子商务的基本模式，企业就不妨考虑一下采取综合模式的可能性。例如，一家旅行社的网页既可以向客户提供旅游在线预订业务，同时也接受度假村、航空公司、饭店和旅游促销机构的广告，如有可能还可向客户提供一定的折扣或优惠，以便吸引更多的顾客。一家书店不仅可以销售书籍，而且可以举办读书俱乐部，接受来自其他行业和零售商店的广告。

四、B2C 电子商务的类型

（一）综合型 B2C

综合型 B2C 网站要发挥自身的品牌影响力，积极寻找新的利润点，培养核心业务。例如，卓越亚马逊在现有品牌信用的基础上，借助母公司亚马逊国际化的背景，探索国际品牌代购业务或者采购国际品牌产品进行销售等新业务。网站建设要在商品陈列展示、信息系统智能化等方面进一步细化。对新老客户的关系管理，需要精细到客户体验的内容，提供更加人性化、直观的服务。选择较好的物流合作伙伴，增强物流实际控制权，提高物流配送服务质量。典型代表有京东商城、当当网、卓越等。

（二）垂直型 B2C

垂直型 B2C 网站要在核心领域内继续挖掘新亮点，积极与知名品牌生产商沟通与合作，化解与线下渠道商的利益冲突，扩大产品线与产品系列，完善售前、售后服务，提供多样化的支付手段。鉴于目前个别垂直型 B2C 网站运营商开始涉足不同的行业，运营商需要规避多元化的风险，避免资金分散。与其投入其他行业，不如将资金放在物流配送建设上，可以尝试探索"物流联盟"或"协作物流"模式，若资金允许可逐步实现自营物流，保证物流配送质量，增强用户的黏性，将网站的"三流"完善后再寻找其他行业的商业机会。典型代表有红孩子、麦包包、凡客诚品等。

（三）传统生产企业网络直销型 B2C

首先要从战略管理层面明确这种模式未来的定位、发展与目标，协调企业原有的线下渠道与网络平台的利益，实行差异化的销售。例如，网上销售所有产品系列，而传统渠道销售的产品则体现地区特色；实行差异化的价格，线下与线上的商品定价根据时间段不同有所区别。线上产品可通过线下渠道完善售后服务。在产品设计方面，可着重考虑消费者的需求。网络直销型 B2C 网站应大力吸收和挖掘网络营销精英，培养电子商务运作团队，建立和完善电子商务平台。典型代表有耐克网上商城、李宁网上商城等。

（四）平台型 B2C

平台型 B2C 电子商务模式受到的制约因素虽然较多，但中小企业在人力、物力、财力有限的情况下，这不失为一种拓宽网上销售渠道的方法。首先，中小企业要选择具有较高知名度、点击率和流量的第三方平台；其次，要聘请懂得网络营销、熟悉网络应用、了解实体店运作的网店管理人员；最后，要以长远发展的眼光看待网络渠道，增加产品的类别，充分利用实体店的资源、既有的仓储系统、供应链体系以及物流配送体系发展网店。典型代表有百度有啊、当当网、京东商城等。

（五）B2C 电子商务的盈利模式

我国 B2C 网站所实现的营业收入大多数是企业在参与价值链过程中自身创造的，其主要来源有以下内容。

1. 产品销售收益模式

以产品交易作为收入主要来源是多数 B2C 网站采用的模式。这种 B2C 网站又可细分为两种：销售平台式网站和自主销售式网站。

（1）销售平台式网站。网站并不直接销售产品，而是为了商家提供 B2C 的平台服务，通过收取虚拟店铺出租费、交易手续费、加盟费等来实现盈利。淘宝 B2C 购物平台——淘宝商城就是其典型代表。淘宝提供淘宝商城这一 B2C 平台，收取加入淘宝商城商家一定费用，并根据提供服务级别的不同，收取不同的服务费和保证金。

（2）自主销售式网站。与销售平台式不同，自主销售式需要网站直接销售产品。与销售平台相比运营成本较高，需要自行开拓产品供应渠道，并构建一个完整的仓储和物流配送体系或者发展第三方物流加盟商，将物流服务外包。

2. 网络广告收益模式

网络广告收益模式是互联网经济中比较普遍的模式，B2C 网站通过免费向顾客提供产品或服务，引起足够的"注意力"从而吸引广告主投入广告，通过广告盈利。相对传统媒体来说，广告主在网络上投放广告具有独特的优势：一方面，网络广告投放的效率较高，一般是按照广告点击的次数收费；另一方面，B2C 网站可以充分利用网站自身提供的产品或服务不同来分类消费群体，对广告主的吸引力也很大。

3.收费会员制收益模式

B2C 网站对会员提供便捷的在线加盟注册程序、实时的用户购买行为跟踪记录、准确的在线销售统计资料查询及完善的信息保障等。收费会员主题是网站的主题会员，会员数量在一定程度上决定了网站最终获得的收益。网站收益量大小主要取决于自身推广能力。例如，网络可以适时地举办一些优惠活动并给予收费会员更优惠的会员价，与免费会员形成差异，以吸引更多的长期顾客。

4.网站的间接收益模式

除了能够将自身创造的价值变为现实的利润，企业还可以通过价值链的其他环节实现盈利。

（1）网上支付收益模式。当 B2C 网上支付拥有足够多的用户时，就可以开始考虑通过其他方式来获取收入的问题。以淘宝为例，有近 90% 的淘宝用户通过支付宝，带给淘宝巨大的利润空间。淘宝不仅可以通过支付宝收取一定的交易服务费用，而且可以充分利用用户存款和支付时间差产生的巨额资金进行其他投资。

（2）网站物流收益模式。我国B2C电子商务的交易规模已经达到数百亿元，由此产生的物流市场很大。将物流纳为自身的服务，网站不仅能够占有物流的利润，还使得用户创造的价值得到增值。不过，物流行业与互联网信息服务有很大的差异，B2C 网站将物流纳为自身服务的成本非常高，需要建立实体配送系统，这需要有强大的资金做后盾，而大数网站很难做到。

第四节　C2C 电子商务模式

一、C2C 电子商务模式的定义

C2C 电子商务模式是消费者通过网络与消费者之间进行个人交易的商业模式，如个人拍卖等形式。该模式可理解为：通过电子商务网站为买卖双方提供一个在线交易平台，使卖方可以在网站上面发布待出售物品的信息，而买方可以从中选择进行购买。同时，为了便于买卖双方交易的顺利进行，交易平台会提供交易所需的一系列配套服务。

C2C 这种模式适用于拍卖、二手货处理等，并且这种交易方式可以是多样的，交易成功后通过网上或网下进行钱物交换或者物物交换。可以说它是最原始的物物交换方式的现代翻版，不同之处在于网络提供了一个虚拟的集市，人们可以突破各种限制在网上进行交易。例如，消费者可在某一竞标网站或拍卖网站中，在线上出价而由价高者得标，或由消费者自行在网络新闻论坛或 BBS 上张贴布告出售二手货品，甚至是新品。竞标的物品多样化而且毫无限制，商品提供者可以是邻居，也可以是顶尖跨国大企业；货品可以是自制的蛋糕，也可以是毕加索的真迹名画。C2C 并不局限于物品与货币的交易，在这虚拟的网站中，买卖双方可选择以物易物，或以人力资源交换商品。

二、C2C 电子商务的运作

下面以淘宝网为例来说明 C2C 电子商务的运作。

（一）买家操作流程

C2C 买家操作步骤具体如下。

（1）注册。买家在 C2C 平台上注册成为会员。

（2）购买。买家选购到物品后下订单并填入相关资料，如收货的地址、货运方式的选择等。

（3）付款。买家提交订单，并采用平台所提供的支付方式完成支付过程，货款会打到第三方支付平台，如支付宝等。

（4）收货。第三方支付平台通知卖家发货，买家验货无误后通知第三方支付平台。

（二）卖家操作流程

C2C 卖家操作步骤具体如下。

（1）注册。卖家在 C2C 平台上注册成为会员。

（2）认证。卖家注册第三方支付账户并激活，采用第三方支付账户及相关信息进行实名认证。

（3）开店。卖家通过认证后上传商品信息，主要是商品的图片和文字，完成商店的装修后，即可开店营业。

（4）提现。卖家产生交易并成功后，在一定的时间即可提取现金，在淘宝上一般首先要设置提现的银行账号，然后申请提现，提取现金。

三、主要 C2C 电子商务平台

（一）淘宝网

淘宝网是亚太地区较大的网络零售商圈，由阿里巴巴集团在 2003 年 5 月 10 日投资创立。淘宝网现在业务跨越个人对个人、商家对个人两大部分。2016 年全年成交额达到 3.092 万亿元人民币，同比增长 27%，其规模不亚于欧美主要发达国家全年的 GDP，这表明阿里巴巴已成为全球最大的移动经济实体。此外，拥有 3.6 万名员工的阿里巴巴，2016 年收入达到 1011 亿元人民币，由此成为人均产能最高的中国互联网公司。

（二）当当网

当当网成立于 1999 年 11 月，以图书零售起家，如今已发展成为领先的在线零售商——中国最大图书零售商、高速增长的百货业务和第三方招商平台。当当网致力于为用户提供一流的一站式购物体验，在线销售的商品包括图书音像、服装、孕婴童、家居、美妆和 3c 数码等几十个大类，在库图书超过 90 万种，百货超过 105 万种。当当网于 2010 年 12 月 8 日在纽约证券交易所正式挂牌上市，是中国第一家完全基于线上业务在美国上市的 B2C 网上商城。2016 年 5 月 28 日，当当宣布与当当控股有限公司和当当合并有限公司签署最终的合并协议与计划。2016 年 9 月 12 日，当当股东投票通过了私有化协议。当当从纽约交易所退市，变成一家私人控股企业。

（三）eBay

eBay（也叫 EBAY，中文电子湾、亿贝、易贝）是一个可以让全球民众上网买卖物品的线上拍卖及购物网站。eBay 公司于 1995 年 9 月 4 日创立于加利福尼亚州圣荷西。人们可以在 eBay 上通过网络出售商品。2013 年 4 月 17 日，eBay 集团发布了截至 2013 年 3 月 31 日的 2013 财年第一季度财报。财报显示，eBay 第一季度净营收为 37 亿美元，较去年同期增长 14%；基于美国通用会计准则计算的净利润为 6.77 亿美元，每股摊薄收益为 0.51 美元；未基于美国通用会计准则计算的净利润为 8.29 亿美元，每股摊薄收益为 0.63 美元。2017 年 6 月 6 日，《2017 年 BrandZ 最具价值全球品牌 100 强》中 eBay 名列第 86 位。

四、网上开店要注意的问题

随着以淘宝为代表的 C2C 电子商务网站的崛起，普通网民在网上开店赚钱成为一件容易的事。然而并不是在网上开店就一定能挣到钱，因为网店的经营也各有一定的特点。开设网店要注意以下五个问题。

（一）产品定位

在网上开个小店和在网下开个实体店是完全不一样的。一般来说，在网上销售，最好是找一些网下不容易买到的东西拿来卖，如特别的工艺品、限量版的物品、名牌服装、电子产品等。

（二）价格定位

在网上销售，没有门面店铺租金的压力，所以价格就一定要比网下便宜。多参考别人的价格，能便宜尽量多便宜点儿，这样会吸引很多想省钱的买家进来。服务如果能跟得上，这批买家就会成为忠诚客户。

（三）产品品种

在把握新颖、公平的原则上，尽量多铺货上去，因为每个买家都希望自己所光顾的店铺琳琅满目、产品丰富。

（四）产品说明

产品一定要附上一份详细的说明，它体现了卖家对买家的尊重和对自己产品的尊重。好的产品说明，不但能吸引懂行的买家进来，还可以为那些不太懂但对产品有兴趣的新手提供帮助，让他们对你所卖的东西产生兴趣，从而喜欢你的网店。

（五）开店平台选择

网上开店应该在不同的平台进行尝试，多增加几种开店渠道。例如，选择淘宝网、拍拍网、易趣网同时开店，这样网店针对的人群就更加广泛。

第三章　电子商务人才与培训

电子商务的快速发展离不开人才与技术的支持和保障，人才不仅是电子商务发展的核心资源，是电子商务商业模式创新、技术创新与应用的根本保障，也是发挥电子商务推动经济社会发展的关键要素。本章主要阐述目前我国电子商务人才的社会需求、人才类型与成长以及人才培训的层次、内容与实施。

第一节　电子商务人才的社会需求与成长

近几年，电子商务迎来"井喷式"发展，大量传统企业开始争相涌入电子商务领域，行业的迅速发展对电子商务人才需求越来越大，对不同类型的人才都有了新的要求。本节主要阐述了电子商务人才的内涵与类型、社会需求以及成长路径。

一、电子商务人才的含义与类型

（一）电子商务人才的含义

电子商务人才有广义和狭义之分。广义的电子商务人才指各行业中从事各种业务电子化活动所需要的所有人员，如电子商务人才、电子政务人才、电子医务人才、电子教务人才、电子家务人才等。狭义的电子商务人才主要是指利用互联网进行商务活动所需要的技术人才和商务管理人才。

本书所探讨的电子商务人才是指具有一定的电子商务专业知识或专业技能，从事电子商务技术开发与系统维护以及商务运作管理的人员。掌握现代信息技术和商务理论与实践的人才是电子商务产生和快速发展的保障和核心要素，电子商务人才服务的目的是利用现代信息技术和商务知识来促进电子商务企业更好地发展。

（二）电子商务人才的类型

1.我国高校电子商务专业设置基本情况

我国电子商务专业教育可以追溯到1998年。教育部高教司于2000年底和2001年初分两批批准了13所普通高校试办电子商务本科专业。在2003年，教育部允许有条件的高校招收电子商务方向的硕士和博士研究生，标志着我国电子商务教育已经进入了高质量的发展阶段。2012年9月14日，教育部发布了《普通高等学校本科专业目录（2012年）》，将电子商务专业上升为一级学科，以电子商务类电子商务专业来招生，可授予管理学、经济学或工学学士学位。

在学信网高校专业数据库中查询得知，截至2017年，全国总共有468所本科院校开设了电子商务专业，1095所专科院校开设了电子商务专业，共同推进专科、本科和研究生三个教育层次的电子商务人才培养，以满足社会对电子商务人才的需求。

2.电子商务人才的类型

目前我国高校对电子商务专业的设置大致有两种情况：一是设在经济管理类学院，侧重电子商务中的"商务"，将"电子"作为工具，以"商务"为目的；二是设在计算机学院或信息学院，侧重电子商务中的"电子"相关技术。

　　电子商务企业从岗位类型角度把人才分为技术类、商务类和综合管理类，技术类人才如平台、网站设计人员，商务类人才如网络营销人员，综合管理类人才如项目或部门管理人员。

　　结合电子商务专业的设置及企业的人才需求，本书将电子商务人才类型划分为两类，如表 3-1 所示。

表 3-1 电子商务人才的类型

分类	人才类型
技术操作型人才	网站策划或编辑人才、网站设计或开发人才、网络系统工程人才、网络硬件工程人才、网站美工人才等
商务管理型人才	网络营销人才、网络平台或网店运营人才、网站推广人才、跨境电子商务人才、物流快递人才、网络支付与结算人才、电子商务项目管理人才、电子商务部门管理人才等

　　第一类是技术操作型人才，多在工程技术类专业中培养，是懂得"如何做"电子商务的技术型人才，主要特点是精通电子商务技术，既有扎实的计算机知识，也有一定的现代商务知识等。

　　第二个类型是商务管理型人才，多在经济管理类专业中培养，是懂得电子商务"能做什么"以及"为什么要做"的商务管理应用人才，主要特点是精通现代商务活动，具有前瞻性思维，既负责制定长期发展规划、重大决策及对外的协调政策等，同时也具备足够的电子商务技术知识。

二、电子商务人才的社会需求

　　2018 年 4 月 9 日，中国电子商务研究中心与赢动教育联合发布了《2017年度中国电子商务人才状况调查报告》，该报告详细介绍了电商企业招聘状态及人才需求、结构现状。

（一）电子商务人才的需求现状

该报告表明电子商务企业对人才的需求情况不容乐观。在被调查的电子商务企业中，84% 的电商企业仍然存在人才缺口，相比去年的 85%，没有明显的改善。同时，电子商务从业人员流失率高、人员不稳定、招聘难度大的企业达到 20%。39% 的企业处于业务规模扩大时期，人才需求强烈，招聘工作压力大。在困扰电商企业人力资源部门的问题中，78% 的企业人员招聘压力大，47% 的企业人员流失压力大。

（二）电子商务人才的需求结构

在电子商务企业急需的人才结构类型方面，《2017 年度中国电子商务人才状况调查报告》显示，71% 的企业急需电子商务运营人才，50% 的企业急需推广销售人才（客服、电销、面售、新媒体等），37% 的企业急需技术性人才（IT、美工），22% 的企业急需综合性高级人才，17% 的企业急需供应链管理人才，15% 的企业急需产品策划与研发人才。这表明，电子商务企业对人才具有多层次、多样化的需求，其中，在运营、技术、推广销售、综合型高级管理方面，人才需求更为迫切。

不同电子商务领域对人才的需求结构也不相同。在跨境电子商务方面，我国跨境电子商务继续保持快速发展态势。该报告表明电子商务企业未开展跨境业务的主要原因中有高达 36% 的企业是因为缺乏跨境电商相关人才。跨境电子商务急需内部生态链运营人才、海外渠道运营人才、了解国外市场和通语言的外贸人才、平台发展人才等。

在农村电子商务方面，目前我国农村电子商务继续保持高增长态势。据《中国电子商务报告 2017》显示，农村网络零售额达 12448.8 亿元，同比增长迅速。

但受限于农村条件制约，人才缺乏已成为农村电商进一步发展的瓶颈，在营销、运营、设计等各个岗位，在高中低各个层次，都有不同程度上的人才缺口，尤其是高端复合型人才。

（三）电子商务人才的需求趋势

近年来，电子商务发展势头非常强劲，对人才的需求更加旺盛，人才的需求也将是长期的、全面的和综合性的。

一是电子商务行业的高速发展、规模的不断扩大、新零售等新业态的不断出现对人才的需求将是长期性和不断变化的。调查数据显示，84%的电商企业存在人才缺口，电商企业长期面临着人才压力。

二是电子商务新业态和不同领域市场规模的扩大，对网上零售、农村电商、跨境电商等各个领域的人才需求更加旺盛。电子商务企业中的技术开发与运维、推广营销、综合管理等各个运行环节都需要大量的人才。

三是电子商务经过多年的发展，已经走过了粗放式管理的阶段，团队问题、组织管理问题逐渐成为制约电子商务企业发展、企业提升利润的主要障碍。电子商务的健康发展越来越需要会领导、懂管理的高水平人才来操盘，也需要学习能力强、专业技能过硬、创新能力强、具有责任心和团结协作的人才。

三、电子商务人才的成长路径

良好的人才成长机制有利于确保电子商务企业成长与人才成长达到双赢局面，电子商务企业应该有意识地不断完善内部牵引机制、激励机制、约束机制、竞争淘汰机制等，营造良好的企业文化。电子商务人才成长路径一般可以分为学习期、实操期、创新期和领袖期四个时期。

（一）学习期：兼收并蓄

电商从业人员在刚入门时对电子商务知识的掌握和运用基本上处于"零基础"或者低水平的状态，这时要从一般人员岗位做起，要做到"兼收并蓄"，学习各类专业技能以及行业知识，包括商业贸易基础、网上营销、基础计算机技术等，积累时间一般在 1~2 年间。

（二）实操期：独当一面

经过 1~2 年的学习阶段后，基本上掌握和熟悉了电子商务运营所需要的基本商务和技术知识，一般会在第 2 年至第 3 年间进入某一专门领域从事相对简单的管理工作，在部门内有主持管理职能，能够实现独当一面，可以从事一些简单的电子商务管理工作。

（三）创新期：文武兼济

经过学习和实操阶段，电子商务人才已经积累了大量的电子商务理论知识和实践经验，一般会在第 3 年至第 5 年向经理职位的工作内容和职责方向转变，逐渐成长为电子商务中层管理人才，对自己所主管的部门进行有效规划，制定相应的战略目标和发展规划。

（四）领袖期：内外兼修

这个时期，在电子商务行业有 5 年以上工作经验的人才发展成为某个领域的第一监管人，在企业中成长为电子商务高层管理人员，负责企业电子商务规划、战略指导等相关管理工作。依照电子商务企业规模、岗位设置存在的等级差异，行业内月均收入水平差距也较大。

第二节　电子商务职业的类型与要求

目前电子商务人才培养与企业的需求矛盾凸显,不能满足电子商务行业发展的实际需要,其根源在于缺乏一个行之有效的电子商务职业分类体系来用于指导高校和企业对人才的培养。本节主要阐述电子商务职业的含义,介绍目前专家学者和研究机构对电子商务职业分类的主要研究以及不同类型电子商务职业对人才提出的要求。

一、电子商务职业的含义

职业是人们在社会生活中所从事的作为谋生手段的工作。行业的不同造就了不同的职业类型。在电子商务领域,电子商务职业是指分布在不同行业、不同部门的从事电子商务活动的专门劳动岗位。电子商务职业的不断发展与完善,有利于规范电子商务行业,促进电子商务的健康发展。

二、电子商务职业的类型

随着电子商务理论与实践的发展,人们对电子商务职业岗位的研究越来越多,电子商务职业类型的划分也更加细致,电子商务的高速发展需要明确的行业职业类型。

从电子商务类岗位的产生来划分,电子商务岗位有两大类:一类是传统岗位在现代信息技术的冲击下注入了新的内容后演变而来的,如网络营销岗位是用传统的营销和业务代表、市场推广等岗位用信息技术和互联网等工具武装起来而产生的;另一类是计算机技术、互联网技术等现代信息技术应用到社会生

73

活的各方面而产生的新岗位，如网站设计师、网站美工等。

电子商务人才分为技术型、商务型和综合管理型人才，并在此基础上对电子商务职业岗位进行了细分和介绍，如表 3-2 所示。

表 3-2《电子商务人才培养与就业分析》职业分类

岗位类型	岗位主要工作	代表性岗位
技术型人才岗位	电子商务平台设计：主要从事电子商务平台规划、网络编程、电子商务平台安全设计等工作	网站策划/编辑人员
	电子商务网站设计：主要从事电子商务网页设计、数据库建设、程序设计、站点管理与建设维护等工作	网站设计/开发人员
	电子商务平台美术设计：主要从事平台颜色处理、文字处理、图像处理、视频处理等工作	网站美工人员
商务型人才岗位	企业网络营销业务：主要利用网站为企业开拓网上业务、网络平台管理及客户服务等工作	网络营销人员
	网上国际贸易：利用网络平台开发国际市场，进行国际贸易	外贸电子商务人员
	新型网络服务商的服务内容：频道规划、信息管理、频道推广及客户管理等	网站运营人员/主管
	电子商务支持系统的推广：负责销售电子商务系统和提供电子商务支持服务、客户管理等	网站推广人员
	电子商务创业：借助电子商务平台，既利用虚拟市场提供产品和服务，又可直接为虚拟市场提供服务	
综合管理型人才岗位	电子商务平台综合管理：这类人才要求既对计算机、网络和社会经济都有深刻的认识，且具备项目管理能力	电子商务项目经理
	企业电子商务综合管理：主要从事企业电子商务整体规划、建设、运营和管理等工作	电子商务部门经理

艾瑞咨询研究认为，市场的高速度、纵深化发展造就了中国企业电子商务新增用人需要的井喷，市场越来越需要复合型、懂运营、高学历的电子商务人才。通过对数家电子商务企业进行深入采访，艾瑞市场咨询对电子商务岗位进行了归纳划分，如表 3-3 所示。

表 3-3 艾瑞咨询岗位分类

岗位类型	岗位细分
电子商务类岗位	电子商务助理/专员、电子商务业务主管、电子商务经理、电子商务销售、电子商务工程师
商品类岗位	招商经理、招商总监
网站类岗位	平面设计、制图、美工、摄影专员
物流类岗位	生产专员、生产主管、生产经理、生产总监
采购类岗位	采购专员、采购主管、采购经理、采购总监
客服类岗位	咨询客服、投诉客服、客服主管

桂学文结合电子商务服务业与电子商务应用发展的实际，参考电子商务职位需求统计，把电子商务职业分为电子商务服务和电子商务应用两大类，如表3-4 和表 3-5 所示。

表 3-4 电子商务服务职业分类

职业性质	职业种类	主要职业
电子商务服务平台	商业策划者	商业模式策划人员、产品与服务策划人员、营销与推广策划人员、咨询顾问
	技术开发与维护者	系统、网络、平台、网站、网页、数据库、软件设计与开发人员，各类程序员，系统、网络、平台、网站、网页、数据库、软件维护人员，技术支持人员
	平面设计与开发者	平台、网站、网页平面设计人员，网络美工，产品拍摄人员，图像处理人员
	市场推广者	服务平台营销人员、市场拓展人员、市场孵化人员、招商人员
	业务操作者	业务受理人员、业务操作人员
	客户服务者	呼叫中心人员、在线客服、电话客服、客户维护人员
	文案与秘书	文秘人员，网站、频道编辑，各类文案
	运作与管理者	事业部、项目部人员，业务运作与管理人员，企业管理人员，管理顾问

续表

职业性质	职业种类	主要职业
电子商务交易服务	信息服务者	信息采集人员、信息分析人员、信息管理人员
	支付服务者	金融机构网络支付人员（银联等），非金融第三方支付人员（支付宝等），移动支付、固话支付等支付人员
	交易安全服务者	电子商务安全与诚信服务人员、数字签名服务人员
	物流服务者	第三方物流服务人员
	人才与培训服务者	培训机构工作人员、培训讲师、培训教材研发人员
	网店服务者	网店平台设计人员、产品拍摄人员、图像处理人员、网店装修人员

表 3-5 应用行业电子商务职业分类

职业种类	主要职业
商务	网络营销人员
	业务受理与操作人员、采购与销售人员、订单处理人员及物流人员
	文案与秘书
	客户服务人员
技术	网站建设与维护人员、网站设计人员、程序员、网络维护人员及系统维护人员
	网站美工、动画制作人员、图片处理与视频制作人员
运营管理	商业策划与推广人员、项目部人员及市场分析与预测人员
	财务管理人员
	行政与后勤保障人员
	企业经理

综合以上专家学者和机构的研究成果，并结合电子商务人才的类型和电子商务岗位发展的实际，本章把电子商务职业分为技术操作型和商务管理型两大

类，具体类型如表 3-6 所示。

表 3-6 电子商务职业类型

职业类型	具体类型	代表性职业	
技术操作	平台、网站建设与维护型	平台设计与维护、软件设计与维护、网站设计/开发、网站策划/编辑、数据库构建与维护、网络维护及系统维护等	
	平台、网店美术型	网站美工、网店装修、拍摄制作、图片处理与视频制作、动画制作等	
商务管理	商务型	网络营销、网络平台或网店运营、网站策划和推广、采购和销售、跨境电子商务、物流快递、网络支付与结算、文案与秘书、财务管理、行政与后勤保障、人事、业务操作、市场拓展、信息管理、客户服务等	
	管理型	高层管理	董事长、总经理/副总经理
		中层管理	安全管理总监、办公室主任、市场营销总监、产品总监、技术总监、财务总监、人事总监、运营总监、设备部总监、仓储物流总监、值班高级工程师、采购部总监、客服主管、行政总监、信息分析部总管等

三、电子商务职业的要求

综合有关专家和学者对电子商务职业分类和岗位类型的研究，电子商务职业一般都会涉及技术操作类和商务管理类岗位，每一类电子商务职业对相关从业人员的知识、能力要求都有各自的侧重点。

（一）电子商务技术操作类职业要求

在知识结构方面，技术操作型岗位要求应具有扎实的计算机网络和现代信息技术的基本知识，掌握电子商务技术的最新进展，同时应该具备一定的现代商务知识，善于根据商务需求和企业发展来设计、开发电子商务网站、平台和软件等。在能力结构方面，要求有扎实的计算机功底，掌握电子商务网站平台设计、开发与系统维护能力，有一定的软件开发能力，掌握网络营销和网络推广最新技术等。

（二）电子商务管理类职业要求

在知识结构方面，商务管理类岗位要求知识面要广，掌握与市场营销和商务贸易相关的基本知识。在能力结构方面，要求具有产品销售与公关处理的能力、网络营销项目的策划、实施和管理能力、运用电子商务系统处理合同交易结算等商务事务的能力等。

第三节　电子商务人才培训体系

根据社会对电子商务人才的需求来明确人才培训对象，构建以学校教育为基础、在职培训为重点、基础教育与高等教育相结合、政府培训与企业培训相补充的电子商务人才培训体系。鉴于电子商务专业人才的学校教育相对完善，本节只探讨电子商务人才的社会培训，阐述电子商务人才培训的内涵以及培训对象、培训层次和培训内容。

一、电子商务人才培训体系的内涵

电子商务人才培训体系是由实施培训的组织机构、职责、方法、程序、过程和资源等诸多要素构成的整体，这些要素形成一套结构化的动态体系，能够在企业内部建立深层次的学习循环，不断提升员工和企业的学习能力，进而不断提升企业的核心竞争力。通过培训可以使电子商务人才获得相关的新方法、新技术、新规则，提高自身技能，使工作质量和工作效率都不断提高，从而提高电子商务企业的效益。

电子商务人才培训一般可以分为学校教育和社会培训，社会培训又可进一步分为企业培训、政府培训以及培训机构培训等。电子商务人才培训体系主要由培训对象、培训层次和培训内容三部分组成。

二、电子商务人才培训的对象

如表 3-7 所示，电子商务人才培训对象主要包括学生群体、待业人员、在岗人员、政府人员、农村人员以及其他群体，要根据培训对象需求的不同进行有针对性的培训，进而构建多层次和多样化的电子商务人才培训体系。

表 3-7 电子商务人才培训的对象

培训对象	具体人员
学生群体	电子商务专业学生和非电子商务专业学生
待业人员	社会青年、下岗人员、伤残人士、贫困人口、退伍军人等群体中有兴趣开展电子商务的人员
在岗人员	技术类、商务类、管理类人员；高层管理、中层管理和基层业务人员等
政府人员	单位领导、干部、业务骨干等相关政府工作人员
农村人员	返乡大学生；大学生村官等村干部；农民工；农村青年致富带头人及经济困难未就业青年；农业种植、养殖、加工、运输、销售大户；农村经纪人、农民专业合作社成员；农村连锁店、直营店、基层服务站等人员；村级站电子商务服务人员；对农村电商感兴趣的城市人等
其他群体	除上述群体外的其他人员

三、电子商务人才培训的层次

由于不同电子商务人员具有不同层次的知识和能力水平，对培训内容的要求也有所不同，因此电子商务人才培训的层次一般可以分为初级培训、中级培训和高级培训。

（一）电子商务人才初级培训

电子商务人才初级培训，又叫电子商务知识或理念普及培训。通过初级培训，学员能够提高电子商务意识，掌握电子商务基本知识，了解电子商务行业发展情况。其主要以电子商务概况、基础知识、网络安全、创新模式、发展趋势和特点、传统企业电商转型等为培训内容，通过大型讲座、上大课、集中培训和培训机构分批培训等方式进行，使学员不断更新电子商务知识结构。

（二）电子商务人才中级培训

电子商务人才中级培训，又称电子商务专业技术或实操技能培训等。中级培训主要为电子商务人才提供运营、推广、设计、文案、客服、网站开发、数据分析、网络营销、仓储物流管理、供应链管理以及跨境电商等几个方向的培训内容。通过中级培训，学员能够掌握电子商务营销实操技能和创新理念，打造企业电商完整产业链条团队，转变企业传统经营、销售模式，明显提高企业线上销售能力，培育一批中级管理者及中高级技术型人才。

（三）电子商务人才高级培训

电子商务人才高级培训，又称电子商务总裁或精英培训等。顾名思义，电子商务人才高级培训是为电子商务企业负责人和中高层管理人员服务的，其主要内容包括电商模式创新与传统企业转型策略、组织运营与信息系统规划、营销策略与数据分析、物流与供应链管理、团队建设与管理等。通过参加国内相关部委和知名电商企业组织的电子商务培训、大型论坛和交流会等，采用集中培训和上门培训服务相结合的方式，为电子商务企业的更进一步发展提供高质量、高水平人才。

四、电子商务人才培训的内容

培训内容是电子商务人才培训体系的灵魂，包括培训课程设计、课件制作、讲义编写、课程审核评估等具体内容。以企业培训为例，一般包括新员工入职培训、岗位和技能培训以及战略管理培训。

（一）新员工入职培训

入职培训是新员工的融入之行，目的是让新员工更好地融入公司、适应工作环境，一般由企业人力资源部门来进行培训。

新员工入职培训的课程内容要根据企业培训需求来设置，属于普及性培训课程，主要包括公司概况、福利待遇、工作内容、制度要求等内容。对新员工的入职培训一般是为期 2~3 天的集中脱岗培训及后期的在岗培训，采用集中授课和日常工作指导即一对一辅导的形式，最后会对新员工进行书面考核和应用考核，评估电子商务企业新员工入职培训的效果。

（二）岗位和技能培训

岗位和技能培训包括通用能力培训和专业技术能力培训，一般由电子商务企业中较有经验的老员工来做，俗称传帮带。

岗位和技能培训课程设置是电子商务企业培训工作中工作量最大的，要建立以员工职业化为目标的分层分类员工培训体系，明确不同岗位、级别的人员要掌握的工作知识和技能，从而开发出相应的培训教材。不同级别的必备知识可以是相同的，但在深度和广度上应该有所区别。

（三）战略管理培训

这是电子商务企业的高级培训课程，主要面向电子商务企业负责人和中高层准管理者，一般请外部机构来进行培训，对培训对象的领导力、企业战略、发展方向、个人魅力、管理能力等方面进行培训。

电子商务企业战略管理培训课程是动态培训课程，根据科技、管理等发展动态，结合企业发展目标和竞争战略做出培训分析计划，确定培训课程。这类培训能够保证这部分员工能力的提升，为企业的发展提供战略管理型人才支持。

第四节　电子商务人才培训方案的实施

电子商务人才培训方案的实施是加快人才培训进程的重要途径，能够为电子商务的快速发展提供高质量和源源不断的人才。电子商务人才培训方案可以由学校、企业、政府和社会培训机构等培训主体具体展开实施，对不同类型的培训对象进行培训。

一、学校培训

高校应结合社会与企业的需求，确立培养目标、更新教学资源、创新教学模式、加强校企合作等，从而不断输出更加符合社会与企业需求的电子商务人才。

首先，高校应该建立高质量的师资队伍，培养一批了解企业需求、具有实际工作经验的教师队伍，如建立校企合作基地，共同开发模拟实战的实验室。其次，高校应该改进教学手段，可以学习外国高校的经验，如欧洲高校充分利用多媒体和网络等手段来提高教学效果。最后，高校要注重理论与实际结合，加强实践教学环节，如通过自建或与企业联建等方式建立电子商务专业实践基地，让学生有机会参与电子商务实际活动，将理论知识和实践知识有机结合起来。

二、企业培训

电子商务企业所需要的人才，特别是高端人才，很大一部分需要通过培训和实践来培养。《2017年度中国电子商务人才状况调查报告》数据显示，有竞争力的薪酬、良好的企业文化、良好的培训晋升制度，仍然是企业留住人才最关键的三大措施，企业对电子商务人才的培训已成为常态。

电子商务企业首先必须根据企业发展目标和实际需求制定员工培训制度。其次，明确人才培训的职责，与分工、经费支持、培训方式、具体实施以及评估与反馈等管各部门配合，培训方式主要有课程培训、在岗实践、导师制、轮岗制、外部学习等。最后，对培训实施工作进行评估与反馈，提出修订与完善建议，不断改进和提升培训工作水平，提高培训质量。

三、政府培训

在电子商务发展过程中，国家政策的支持、导向、管理和服务，是电子商务迎来井喷式发展的重要因素。在各级政府的支持下，对电子商务人才的培训正在如火如荼地开展，这不仅促进了电子商务在各地区的快速发展，也缓解了电子商务发展的人才瓶颈问题，壮大了电子商务人才队伍。

首先要成立电子商务领导小组，确定培训的实施机构，如各社会培训机构、相关行业协会、高校等。由培训机构负责培训计划的制订、师资组织、课程设计、教材编写、培训工作安排、电子商务创业辅导、电子商务人才就业推荐及培训成果评估等工作。通过各级政府培训机构举办培训、政府购买服务，社会培训机构参与培训、邀请全国知名电商企业或专业电商培训机构开展培训等方式组织培训具体实施工作。对社会各阶层有志于学习电商知识的人员与群体进行电商基础知识、网购、网销、网络维护、电商服务等培训。

当前，电子商务行业的快速发展导致人才供应不足。一方面电子商务生态环境越来越好，新零售、物联网、跨境电商、农村电商、人工智能、现代物流等不同电商形态的快速推进，需要大量的人才；另一方面，高校培养的电子商务人才结构和能力明显跟不上行业发展的要求，出现了较大断层。因此，需要引入社会培训机构的力量来为电子商务企业培训出适用型技术操作和商务管理人才。

社会培训机构可以利用高校优质的教学资源，结合企业的最佳实践，共同打造实效的电子商务人才培训方案，采用应用型"订单式"人才培训输出模式，实现学员高品质就业，这样既可以缓解电子商务专业学生"就业难"问题，又可以为电子商务行业发展提供适用型电子商务人才。

第五节　电子商务人才培训典型案例

随着电子商务领域的不断扩大和新业务的出现，需要对电子商务人才进行培训，以掌握电子商务最新知识和技能。本节以淘宝大学、杭州赢动电商学院、南皮县政府、杭州电商产业园的电子商务人才培训为例，介绍电子商务人才培训的内容与实施。

一、淘宝大学电子商务人才培训

淘宝大学以不断提升网商成长为己任，立足电商成长之所需，为社会各层次电商岗位输送专业人才，是一个多元化、全方位的电商学习平台。

（一）培训理念和模式

1. 培训理念

淘宝大学首先提出以"卖家服务卖家"的理念，大部分淘宝大学的教师都是卖家出身，他们既了解淘宝规则，又具备丰富的实战经验，更能体会网商创业者的痛点和难题，因此传授的内容更具针对性和可操作性，受到学员广泛欢迎。

2. 培训模式

淘宝大学采用"校企合作、人才共建"的培训模式，通过启动"你好电商，助力百万学生就业工程"，为高校应届生推出实训基地，把企业和学校连接起来，为电商产业打造人才储备池，促进大学生就业。

（二）培训对象

淘宝大学的服务对象是电商及电商生态链从业者，主要面向商家培训、个人培训、政府培训以及国际培训，包括网商 MBA、网店经理人、电商精英、网店运营专才、相关政府人员、跨境电子商务人才等。

（三）培训目标

淘宝大学的主要培训目标是完善电商人才培训体系，致力解决电商人才的供需矛盾，不断开发面向不同层次、专业、地域的电商培训项目，为社会培育优秀的电商人才，提高电子商务从业者专业素养，提升电子商务的整体服务水平。

（四）培训内容

1. 淘宝大学手机 App

这是淘宝卖家随身的成长工具，也是专为移动端卖家群体打造的在线教学视频产品，随时随地可以看到精品优质的课程。

2. 淘宝大学互动直播培训

这是为卖家提供与老师在线沟通、学习、成长的路径，在听课中遇到的问题能在课堂上得到直接、快速的解答。

3. 电商创业系列课程

基于淘宝天猫平台店铺实际运作状况，帮助零起步卖家轻松完成电商入门，从 0 晋升到 1 的培训课程，课程内容包括开店、装修、引流、服务等，旨在帮助入门级卖家在最短时间内掌握店铺运作技巧。

4. 电商精英培训

构建网商人才培训体系的一门标准化岗位驱动课程，为企业新入职的客服、美工、推广员工带来高标准的实战干货，切实帮助新员工提升岗位适应力，寓教于练，让学员在训练中提升技能，打造核心岗位竞争力。

5. 电商经理人培训

淘宝大学培育网店经营者最重要的项目之一，课程帮助电商经营者避开盲目的店铺操盘行为，改变目前大多数产品驱动型店铺的现状，回归商业零售的本质，达成本店的经营突破。

6. 网商 MBA

针对网商高端人士的管理研修班。通过对阿里集团高级管理层、业内专家、成功网商以及知名培训师等优势资源的整合，以现场授课、圆桌会议、课题答辩、校友会、系列班等多元化学习模式，全力打造最具领导力网商。

7.传统企业进驻电商总裁班——传统企业转型之道

历经深度企业调研，针对传统企业发展现状及困境，深入挖掘转型痛点，联合电商资深人士倾力打造，提供电商解决方案，提升电商渠道销量，帮助传统企业真正落地电商，实现企业的顺利转型升级。

（五）案例评析

在电子商务人才培养与社会需求相脱节的背景下，阿里巴巴利用自身巨大的优势建立了淘宝大学，为网商、个人、政府等进行电子商务培训。淘宝大学利用丰富的卖家经验，首先提出了以"卖家服务卖家"的理念，采用线上经验学习交流和线下实训的方式，采用"校企合作、人才共建"的培养模式，与高校共同培养电商精英人才，为社会培育了大批优秀的电商人才。淘宝大学既是淘宝网解决电商供需矛盾、提供就业机会的创新尝试，有利于完善电子商务人才培训体系，也是淘宝和网商共建电子商务生态圈的重要环节。

二、杭州赢动电商学院跨境电子商务人才培训

（一）培训背景

杭州赢动教育咨询有限公司是影响力较大的电子商务人才服务商，其利用自身资源，开始打造中国高校电商实训就业平台。赢动电商学院成立于2007年，以"TOJ(training on job)"为核心培训理念，面向电商企业机构输出实用、实效、实战的电子商务知识体系和应用型电子商务人才。

（二）培训目标

赢动电商学院对跨境电子商务人才的岗位定位是跨境 B2C 运营专员，适用于电子商务、国际贸易、商务英语等专业。其培训目标是使学员通过实训平台，达到快速掌握外贸企业急需的跨境电商实战技能，用电商思维和职业精神对学员进行思维重构，帮助他们在国内一线跨境外贸企业顺利入职。

（三）培训内容

1. 模块一：跨境电商技能魔鬼训练（36 课时）

第一天：跨境电商平台分析。海外市场及买家分析及跨境商务模式简介，跨境贸易平台分析，物流、清关、结汇流程化管理。

第二天：全球速卖通平台店铺建设及运营实战技能。产品发布及店铺装修，速卖通店铺营销工具。

第三天：全球速卖通营销推广技能。AliExpress 搜索排名介绍，直通车玩法，流量优化提升及转换技巧，平台活动。

第四天：移动跨境平台 WISH 运营技能。WISH 功能界面，WISH 四大功能模块介绍，打造优质 WISH 店铺，外贸英语训练。

2. 模块二：电商职业素养培训（12 课时）

《电商思维训练》《电商职业进化》《职场军规：职场行为规范指南》《面试技巧》等。

3. 模块三：顶岗实训

学徒期 30 天：学员在跨境电商企业进行顶岗实训，在学徒期无薪资，只由企业发放实训津贴，住宿统一安排在赢动学员公寓或企业宿舍，学员不用承担住宿费用。学徒期企业与赢动教育共同对学员进行实训管理和辅导。

巩固期 60 天：学徒期期满，学员自动转为企业正式员工，按企业薪酬体系领取报酬，接受企业全面管理，此阶段学员承担住宿费用（企业免费提供宿舍的除外），赢动教育继续提供实训辅导和服务。

4.模块四：在线成长社区

学员通过加入赢动电商学堂微信公众号，在线学习跨境电子商务运营管理知识和实践经验，不断地成长进步。

（四）案例评析

杭州赢动电商学院目前已与全国近千所高校合作，共建中国高校电子商务实训就业平台，独创了"课程植入＋技能强训＋顶岗实训＋品质就业"的应用型电商人才培养输出模式，在高校与电商企业间架起人才输出绿色通道，解决了电子商务相关专业大学生就业的"最后一公里"的难题。这种人才培训输出模式是为了解决高校电子商务专业人才培养与社会需求不合之间的矛盾，有效地促进了高校电子商务专业毕业生高品质就业。

此外，赢动电商学院还与杭州四大电子商务园区合作，为园区企业提供专业电子商务人力资源服务。通过精准定位电商企业岗位需求，采用电商应用技能训练体系和职业素养培训体系，结合企业个性化需求的专业培训，让学员初步具备企业急需的职业素质。

三、河北省南皮县电子商务人才培训

（一）培训背景及指导思想

为解决电子商务发展瓶颈问题，加快发展壮大电子商务人才队伍，围绕电子商务发展目标，以增强企业电商负责人和电商创业者电子商务实操技能为重点，充分发挥高校、相关行业协会、社会培训机构的力量，按照政府引导、企业参与、整合资源、分类培训、注重实效的原则，加快培养一支符合电子商务发展需求的高素质人才队伍，为推动电子商务持续快速发展奠定基础。

（二）培训目标及方式

紧贴企业实际和市场需求，有针对性地设置培训课程，切实提高参训人员岗位适应能力和创新创业能力。各级政府培训机构举办培训、政府购买服务、社会培训机构参与培训、邀请全国知名电商企业或专业电商培训机构开展电商培训等。

（三）培训对象、班次、内容及目的

1. 企业、公司、专业合作社培训

（1）电子商务经理班

培训对象：电子商务企业负责人和中高层企业管理人员。

培训内容：电商模式创新与传统企业转型策略、组织运营与信息系统规划、营销策略与数据分析、物流与供应链管理、团队建设与管理和经理人的角色定位、职业规划、绩效管理、财务预算的编制、项目资金管理、数据驱动及改善等。

培训目标：通过培训使参训学员成为职业化电子商务高级管理和应用人才。

（2）跨境电子商务培训班

培训对象：跨境电商企业人员。

培训内容：各个跨境电商平台的应用和操作技巧和跨境电商的重难点问题的解决方法。

培训目标：提高跨境电商企业工作人员实际操作能力和技巧，解决日常跨境电商业务中遇到的重点和难点瓶颈问题。

（3）企业电商人员实操班

培训对象：企业、公司、专业合作社中从事电商工作的业务人员或团队。

培训内容：产品选择与包装、购买线索的布局与落地、客户维护与跟进、团队搭建与日常管理、图片的简单处理实战操作。

培训目标：通过培训打造企业电商完整产业链条团队，转变企业传统经营、销售模式，明显提高企业线上销售能力。

2. 相关政府部门工作人员和村干部培训

培训对象：县、乡与电子商务有关的相关单位领导、业务骨干和村两委班子成员。

培训内容：电子商务概况、基础知识、安全知识、企业服务、政策制定以及有关的法律、法规，电子商务创新模式、发展趋势、传统企业电商转型等。

培训目标：对电子商务应用现状、创新模式、最新发展趋势形成深刻认识，增强电子商务发展理念，适应新型商业模式，提升电子商务服务水平。

3. 村级电子商务服务站人员培训

培训对象：村级站电子商务服务人员。

培训内容：村站管理制度、业务操作规程、网上购物、网上销售、增值业务操作规程及业务开展、乡村市场营销、农产品网上销售等。

培训目标：达到省全覆盖村级服务站服务水平，能够正常开展本村服务站业务，并熟练应用电子商务手段为本村村民服务。

4.个人电商创业人员实操培训

培训对象：大学生村官、社会青年、下岗人员、伤残人士、贫困人口、退伍军人等群体中有兴趣开展电子商务的人士。

培训内容：电子商务发展趋势与网络创业之路、平台介绍及网络店铺开设、网店定位、网货选择及卖点提炼、网店美工设计、店铺卖家中心后台操作、店铺装修及常用软件介绍、主图详情页、网店基础数据分析及推广、网店运营、移动端营销、微商技能及团队建设等。

培训目标：启发学员的电子商务创业意识，并对学员进行基础的网上创业知识、技能教学，指导他们完成网店的注册、经营和管理，开启电子商务创业实践并实现正常经营。

（四）培训实施步骤

1.确定培训机构

由具备电商培训资质并能在南皮范围内组织电子商务培训的各社会培训机构、相关行业协会等组成，并择优确定 4~6 家为全县电子商务人才培训机构。

2.组织开展相关培训

培训人员的组织由县电商办负责，具体班次的培训管理由承办培训机构负责。每期培训开班前后，培训机构应向县电商办报告本期培训班相关情况。

3.组织审核

电子商务人才培训补贴资金申报材料由县电商办、县财政局共同审核。县电商办、县财政局在培训机构开展培训期间组织检查。

（五）资金支持方式及标准

由政府出资对各企业电商人才、农村电商人才、政府人员等进行实操培训，全面提升电商人员的水平及能力。采取以奖代补方式对电子商务人才培训经费予以部分补助，对学员进行补贴。

（六）补贴资金的申报、审核及拨付

培训机构应于每期培训结束后持有关材料到县电商办申报。申报材料经县电商办、县财政局审核通过后，由县财政局按规定将资金一次性拨付至申请单位。

（七）案例评析

近年来，电子商务发展的政策红利不断释放，上至国家层面，下至各级政府，通过政策扶持大力支持电子商务的发展，政府在促进电子商务发展和培训电子商务人才中扮演着越来越重要的角色。南皮县政府制定和实施的电子商务人才培训规划由政府出面牵头与提供资金保障，引导高校、电商协会及社会培训机构的力量对电商企业人员、政府相关人员、农村电商人员及个人电商创业人员进行电商理论和实操培训，通过提高电商人才的素质，为本地区电子商务的快速发展奠定基础。

四、杭州电子商务产业园人才培训

（一）培训背景

在电子商务人才培养不能完全满足社会需求的大背景下，杭州电子商务产业园建立起电子商务人才服务平台，架起高校和企业之间合作培训的桥梁，为

园区电子商务人才提供培训服务，满足电子商务产业园的人才需求，为其发展提供了人才支持和保障。

（二）培训目标和方式

目标是要促进电子商务人才与企业共同成长，提供良好的成长环境，达到企业成长与人才共同成长的双赢局面。

园区通过技术支持和保障，搭建起人才服务平台，为电子商务人才培训提供服务。通过举办校企合作、总裁沙龙、投融资对接会、电子商务峰会、公开课、创业沙龙、政策讲座等一系列活动，对电商人才进行培训。

（三）培训对象和内容

在岗位类型方面，对电商企业技术操作型人才、商务管理型人才包括高层管理者、中层管理者、基层业务人员进行电商知识和技能培训；在业务类型方面，对跨境电商人才、农村电商人才等进行相应的知识和技能培训。

（四）培训实施

1. 开展校企合作培训

园区与浙江大学、杭州师范大学、浙江工商大学等高校合作，建立电子商务人才培训、实习基地，让学生在丰富知识的同时，提升他们的专业技能水平。

2. 对接企业需求

杭州电子商务产业园的人才培训最终目的是为电商企业发展服务，要立足电商企业发展需求，根据园区企业对人才的需求，组织企业专场招聘会，为企业输送优秀人才。

3.组织人才交流会

园区企业会经常性地组织企业家、专家、行业资深人士等举办公开课和人才交流会，丰富和提升园区企业员工的知识与技能，有利于电商人才开阔视野、提高自身素质，更好地满足企业发展需求。

4.建立人才服务平台

园区利用技术支持和保障，搭建起专业的电子商务人才服务平台，主要为园区企业提供人才培训、人才引进、人才招聘、人才交流以及高级人才猎头等服务。

（五）案例评析

杭州电子商务产业园作为国内较早成立的电子商务园区之一，集聚了品牌电商、代运营、第三方平台、电商人才培训与服务、信息软件、物联网、移动互联网等电子商务相关企业，构建了良好的电子商务生态圈。作为国家级科技企业孵化器，园区为帮助入驻企业更好地发展，搭建了产业培育、技术支撑、科技金融、人才服务、法律服务五大公共服务平台，为园内企业提供创业辅导、人才培训与人才引进服务、产学研合作、投融资、项目申报等一系列服务。通过举办人才交流会、讲座、公开课等，提高电子商务人才的素质与能力，为企业和人才创造良好的学习交流和成长环境，助推园区企业健康快速发展。

第四章 校企合作的商务英语专业人才培养模式

校企合作，顾名思义，是学校与企业建立的一种合作模式。高校学校为谋求自身发展，抓好教育质量，采取与企业合作的方式，有针对性地为企业培养人才，注重人才的实用性与实效性。校企合作是一种注重培养质量，注重在校学习与企业实践，注重学校与企业资源、信息共享的"双赢"模式。通过校企合作可以更好地进行商务英语专业的建设，培育出适合企业要求的商务英语专业人才。

第一节 校企合作的意义

一、校企合作的内涵

（一）以共同培养人才为目标，实现人才培养模式的创新

高等教育校企合作的根本任务就是更好地为社会和企业培养高素质技能型专门人才。因此，通过校企合作办学，高等院校能够实时掌握企业对高等教育的要求和人才需求的信息及动向，为高等院校调整专业结构、改革课程体系、制定人才培养方案和专业教学标准提供依据，有利于开展以重点专业为龙头的专业群建设，有利于工学结合学习模式的推进，有利于人才培养质量的提高。

高等教育专业设置应主动适应区域发展，行业经济和社会发展需要企业参与，校企双方在充分调研的基础上，依据行业和企业发展动态能够及时调整专业结构和布局。校企双方通过合作，可明确专业面向的岗位（群），明确职业能力、岗位工作任务和工作过程，并按照职业标准，制定专业培养目标，建立专业教学标准。通过校企合作可充分利用校企双方在教学场所、师资力量和信息资源等方面的不同优势，实现沟通与协作，强化学生职业能力的培养。校企合作办学是高等院校实现开放办学的重要途径之一，高等院校可根据行业与企业的发展动态以及岗位需求情况确定专业设置和招生规模，实现以服务为宗旨、以就业为导向的办学理念。同时，校企合作办学是高等院校增强办学活力的重要途径。通过校企合作办学，高等院校可将现代企业的管理理念、管理模式、管理文化引入高等院校的管理中，不断改善管理机制，优化育人氛围，扩大办学职能，增强办学活力，提升高等院校的竞争力，更好地服务于社会和区域经济的发展。

（二）以人力资源合作为纽带，实现校企互利

一方面，人力资源是企业是高等院校运行的主体，企业的人力资源状况直接影响着企业的未来命运，高等院校的毕业生是企业人力资源需求量最大也是十分重要的组成部分。高校毕业生经过高等院校的培养和训练已具备了较强的职业能力，完全能够满足岗位的能力和素质要求，可以免去企业再培训之累，可以提升企业人员的整体素质。同时，企业生产技术的进步和人员岗位的迁移均需要进一步提高在岗人员的素质，需要高等院校提供培训基地与资源，这也是高等院校实现办学功能和服务社会的重要举措之一。另一方面，高等院校要加强专兼结合的具有双师素质的专业教学团队建设。首先要完善教师考核与聘用制度，实行"访问工程师"制，让教师通过挂职顶岗、合作研发等多种形式，

深入企业一线，系统学习业务技术，强化实践技能，提高教学能力；其次，要打通高等院校引进企业技术人才的渠道，从企业引进一批高级技术人才充实教师队伍，实现智力柔性流动和人才资源共享；最后，要完善兼职教师管理制度，从企事业单位聘请"能工巧匠"为兼职教师以适应专业建设的要求。由此可见，"请进来，走出去"的校企合作方式，是高等院校培养一支素质优良、结构合理、业务能力强、教学特色突出、专业技能水平高，具有双师素质优秀教学团队的最佳途径。

（三）以物质资源共享为手段，实现校企互惠

实验、实训、实习是高等教育人才培养模式的关键环节，目前教育资源短缺、实验实习场所紧张严重地制约了我国高等教育的改革与发展。因此，高等院校要加强实践教学资源的建设，首先要整合校内外实践教学资源，以校企合作的途径，充分利用现代企业的生产、建设经营、管理技术人才优势，使之与高等院校的科研理论优势相结合，由高等院校提供场地和管理，企业提供设备、技术和师资，建设校内生产性实训实习基地，形成具有先进性、开放性、针对性、职业性的实践教学环境，为实现工学结合的教学模式提供有力的保障。其次，高等院校要通过校企合作的途径建立稳定的校外实训基地，为实践教学提供一种具有真实职业氛围的环境和物质资源。最后，高等院校要充分利用现代信息技术，开发虚拟工厂、虚拟车间、虚拟工艺等仿真教学资源，对校内外实训基地的不足给予补充，也可利用仿真教学资源为企业进行职工培养，提高企业员工的职业能力与素质。

通过环境与物质资源的整合，可以实现高等院校和企业的教育资源共享，为高等教育营造一种真实的职业环境，让学生通过身临其境地参与企业的生产

运作，提高学生的职业能力，形成良好的职业素养、团队意识和协作精神。这样既解决了高等院校在改革和发展中的难题，又能为企业及时输送和培训高素质技能型专门人才，达到高等院校和企业双向参与、互惠互利、优势互补、资源共享共同发展、良性互动的合作办学目标。

（四）以技术服务为推动力，实现校企的共赢

科学技术是第一生产力，是影响现代企业发展的首要因素。企业在生产过程中，必然会遇到许多技术问题和难题，在发展过程中也需要用新技术、新工艺、新产品来提升企业的竞争力，这就为高等院校和企业在技术领域的合作提供了良好的契机。高等院校拥有大量的专业技术人才，长期从事专业技术工作，熟悉高新技术的发展，使高等院校具有技术上的优势，同时高等院校的科学研究成果，也需要向企业的生产实践转化，实现其社会价值。

相对本科院校而言，企业的科学研究能力虽然相对薄弱，但是企业的技术应用能力更强。因此，高等院校应该发挥自身优势，充分利用企业的资金、设备优势，主动在高新技术的应用、新技术的引进、技术改造和科学研究成果转化等领域与企业开展合作，解决企业生产过程的技术难题，提高企业生产技术水平，实现校企的共赢，这对高等院校和企业的发展都至关重要。

二、校企合作的特征

（一）教育性

高等教育是以培养学生职业能力为目标，是一种具有强烈经济行为和企业行为的教育形式。因此，校企合作的首要目标就是培养高素质技能型专门人才，校企双方以人才培养为共同目标，以岗位需求为导向，转变育人理念，强化人

才意识，优化专业设置，明确培养目标，制定教学标准，整合教学资源，共同参与人才培养的全过程。这既是校企合作的内在要求，也是其本质属性——教育性的体现。

（二）职业性

高等教育校企合作从开始就以培养适合职业岗位要求的人才为目标，包括产学结合、工学交替至产学研结合，具有较强的功利性。因此，学习和生产相结合的主要目的是使学生在学习情境中教育自己，学习知识，养成良好职业素养，培养和提高专业能力、方法能力和社会能力，最终使他们完成由学习生涯向职业生涯的过渡。这一过程既充分体现了高等教育校企合作的职业性特征，也合乎企业对高素质技能型专门人才的要求。

（三）互利性

合作是社会互动的一种方式，它是指个人或群体之间为达到某一确定的目标，彼此通过协调作用而形成的联合行动。因此，高等教育的校企合作作为一种社会互动方式，在合作过程中各参与方具有共同的目标、相近的认识和协调的互动，也就是具有行为的共同性和目的的一致性，即互利性特征。这里的目标实际上是一种利益，它是仅通过一方的行为无法实现的利益，企业、高等院校、教师、学生和企业员工获得利益均是通过互动合作来实现的，参与方既不应该只有行为而没有利益，也不应该只有利益而没有行为，否则校企合作只能是一种短期行为。因此，互利性是实现校企长效合作的基础。

（四）创新性

创新是一个民族进步的灵魂，是国家兴旺发达的不竭动力。创新是高等教育探索校企合作办学发展之路成败的关键。因为，在进一步完善高等教育的人才培养过程中，探索校企合作的人才培养模式，既是一个不断改革创新的过程，也是高等教育提高人才培养质量和实现可持续发展的必然需求。由于高等院校所处区域和面向行业不同，校企间的合作形式、内容与方式必然也不相同。目前高等教育的校企合作还没有太多的成功经验，也不可能形成一个固定的模式，这就要求在校企合作的过程中参与各方要以求真务实的态度和改革创新的精神寻求校企合作的有效途径，如果仅仅是照搬一些不太成熟的经验和做法，而没有结合各参与方实际情况进行改革与创新的校企合作，就不可能真正实现校企合作办学的目标。

（五）多样性

校企合作必须是全方位、多层次的合作，合作的形式、内容和方式呈现出多样化，如高等院校和企业的合作、高等院校专业和企业部门的合作、技术的合作、人力资源与物质资源的合作、信息的合作、研发的合作等。高等院校、企业、政府、社会等以多方生存和发展的共同愿望为基础；以人才、技术、效益为结合点，充分挖掘校企合作的内容和形式；以发挥各自优势为条件，遵守市场经济规律、高等教育规律；逐步形成互利互补、良性循环、共同发展的长效合作机制，满足经济社会迅速发展和人力资源的动态性需求。校企合作的多样性是实现"以服务为宗旨，以就业为导向"办学理念的重要措施，是保持校企长效合作机制的重要保障，是校企合作成功的主要标志，否则将会影响校企合作的广度、深度和效益。

（六）文化性

校企合作同时是一种文化合作。目前大多数企业在激烈的市场竞争中已经形成了具有各自特色的企业文化，包括先进的理念、合理的制度、科学的管理、严谨的态度、完善的服务以及和谐的氛围等。高素质技能型专门人才培养需要企业文化的熏陶，学生作为校企合作的主要参与者，在各种不同方式的校企合作中，不但学习了专业知识和技能，而且为学生深度接触社会、了解社会提供了途径，同时使学生能够接受企业文化的陶冶，逐步形成积极认真的工作态度、严谨细致的工作作风和团结合作的工作精神等职业素养。在校企合作的过程中，企业文化和校园文化的交流、渗透和融合，可以不断丰富校园文化和企业文化的内容，完善校园文化的职业氛围，提升企业文化的层次，实现校企共同更好更快发展。另外，在校企合作过程中，企业参与高等院校的管理，企业先进的理念和开放的文化，将打破高等院校传统的、封闭的管理与文化范围，特别是企业良好的服务理念和完善的服务体系的融入，将会帮助高等院校全体教职工树立服务意识，形成良好的服务育人氛围。由此可见，校企间的文化合作的文化性，充分体现了校企合作的层次和水平。

校企合作办学不仅是高等院校与企业的合作，教学与生产实践的合作，也是科技与经济相结合的合作，是高等教育发展的大势所趋。因此，加强高等院校与企业合作办学的内涵与特征研究，不断丰富校企合作的内涵，培育高等教育办学特色，以最优的形式实现最佳的高等教育人才培养的效果，无论对高等院校，还是对企业、对社会，都具有十分重要的现实意义。

三、校企合作的意义

高等高等教育是适应社会需求，培养高等技术应用型专门人才的一种教育类型。高校商务英语专业的培养目标决定了其培养过程应更加贴近社会需要和企业生产的实际，只有使商务英语理论知识学习与实践能力培养紧密结合、学校师生与一线技术人员紧密结合，才能实现高校商务英语人才的培养目标。所以，高校商务英语教学应按社会、行业企业及其职业岗位群和技术领域需求设置英语专业和改革课程体系，教学内容应与经济发展保持同步或有所超前。此外，高校商务英语教育还应注重理论与实践的联系，把以传授理论知识为主的学校教育环境与以直接获取实践经验为主的企业生产环境有机融入人才培养过程中，通过校内英语课堂模拟训练和校外顶岗实习等一系列实践性教学环节，使学生了解、熟悉并掌握商务英语在实践中的规律、技巧等，缩短学生成才的后熟期。因此，校企合作，发挥高校商务英语教育部门与社会企业部门的各自优势，共同培养社会经济发展需要的人才，是高校商务英语教育健康发展、办出特色的客观需要。

（一）有利于实现高等教育人才培养的目标

高等职业商务英语教育的培养目标明确指出，高等职业商务英语教育是培养拥护党的基本路线，适应生产、建设、管理、服务需要的德、智、体全面发展的高等商务英语专业人才，要求学生在具有必备的基础知识和专门知识的基础上，重点掌握从事本专业领域实际工作的基本能力和基本技能，具有良好的职业道德和敬业精神。高等职业商务英语教育的人才培养目标与规格要求表明，高等职业商务英语教育是与经济建设结合更为密切的一种特殊类型的教育，也规约了高等商务英语人才仅依靠学校的条件难以实现培养实用型人才的目标，必须与社会企业紧密结合。客观上，我国高等职业商务英语教育还处于探索发展期。由教育自身规律所决定，特别是在我国社会快速变革时期，亟待构建符合高等高等教育特点与特征，以及适应市场经济体制的校企合作人才培养模式，为高校商务英语人才培养质量提供保障。

高等职业商务英语教育校企合作人才培养模式，是一种利用学校和行业、企业、研究机构不同的教育资源和教育环境，培养适合行业、企业需要的应用型人才为主要目的的教育模式，即利用学校与产业、科研等单位在人才培养方面各自的优势将以课堂传授间接知识为主的教育环境与直接获取实际经验和能力为主的生产现场环境有机结合起来。由高等职业商务英语教育的特点所决定，高等职业商务英语人才必须坚持以能力为本位，校企合作对实现高等职业商务英语教育人才培养目标与规格要求，培养技术与技能型人才独具优势。同时，随着社会主义市场经济体制的逐步建立，市场调节正成为资源配置的主要方式，企业毫无例外地都要进入市场。企业的运行机制发生了质的变化，只有根据市场的需要进行资源配置和组织生产，成为真正自主经营、自负盈亏的利益主体和经济实体，只有不断提高产品的质量和效益，去参与资源配置的市场竞争，企业在市场竞争中才能得以发展。随着科学技术的进步，我国经济结构及产品结构向知识和技术密集型方向转变。越来越多的企业日益重视科技开发水平和劳动者素质的提高在占领市场竞争中的作用，企业主动加强与高等学校合作，这给高校商务英语专业开展校企合作注入了新的活力。现实中，高校商务英语教育存在信息不畅、教学内容滞后、专业布局不合理、人才定位不准确等问题，这都与校企之间缺乏紧密的联系和沟通有着直接关系。实施高等职业商务英语教育校企合作人才培养模式，可以使学校根据企业的人才培养规格要求，调整专业设置，开设课程，使高校商务英语专业与行业、产业发展融合在一起，改革教学内容和教学方式。在教学过程中，理论与实践紧密结合，学校与企业密切联系，企业为培养"双师型"教师提供了实践锻炼机会，向学校推荐技术工程人员到学校担任兼职教师，以及为学生岗位实践提供场地，学生在企业进行经常性的实习和技能培训，并将所学知识运用到生产或工程实践中去。另外，校企还可共同建设实训基地，增强办学的针对性和灵活性。

（二）有利于推动以就业为目的的高等教育改革与发展

目前，高等院校的大部分生源来自本省域内，所从事的应用技术研究，与当地的企事业单位在空间上联系紧密，服务地方的研究成果易于转化为生产力。另外，高等院校将促进所在城市的餐饮、文印、文体、旅游、交通、通信、建筑等产业的发展，增强城市的文化氛围，提高城市的文化品位，增强城市的知名度方面都有较为明显的作用。地方政府主管部门制定的相关政策法规，如明确企业支持高等教育的义务，按一定规则适当减少企业税收，对支持学校的企业，以适当方式在主流媒体上公示部分企业为某学校的实习基地，增加企业的知名度和美誉度等，对实训基地、校企合作办学、提供实习基地等方面起到导向性作用。

创新型人才的培养，一是培养学生高度的社会责任感，激发学生追求科学、追求真理的激情。学校要教育、引导学生把服务民族的进步、国家的发展，服务人类社会的整体利益作为创新活动的出发点和根本归宿。二是培养学生关注现实、关注前沿的学术品格。学习与研究要站在科学的前沿，体验实践的呼唤，感知时代的脉搏，在丰富多彩的社会实践中发现问题，寻找有价值、有意义的课题和项目。这就需要学校努力培养有问题意识和综合素质的学生。三是培养学生强烈的求知欲和坚忍不拔的毅力。创新是一种探索，面临失败的可能性很大，这就要求学校培养的学生具备不怕挫折、不惧失败的心理承受能力，即使在最困难的时候也能够坚持探索。四是培养学生"敢为天下先"的勇气和科学怀疑、理性批判的精神。高等院校在培养创新型人才的过程中，要注重培养学生独立思考的能力，鼓励学生对现有知识进行科学的怀疑和理性的批判，并勇于提出自己的见解，五是培养学生开放的心态以及团结协作的精神。教育学生善于学习，积极吸纳今人、前人的知识成果，只有在实践中善于同他人团结协作，才能避免因个人知识和能力的不足所造成的局限性。上述五点要求，只有将学生的书面知识与生产一线的企业相融合，让企业参与、参加职院的教学活动，才能有效达到目标。

"小康大业，人才为本"，各类职业人才尤其是高质量专业人才是人才队伍的重要组成部分，是我国现代化建设的宝贵资源。以制造业为例，我国正在由跨国公司的加工组装基地向世界制造业基地转变。要真正实现这样的目标，除了需要政策环境和廉价劳动力等方面的支撑，还需要大批技能型人才，特别是需要大批具有高素质的高技能人才。

目前我国就业形势比较严峻，就业的结构性矛盾非常突出。一方面，大学毕业生的就业压力越来越大，一些普通管理岗位和文职岗位应征者严重供大于求；另一方面，许多技术型岗位、技能型岗位招不到人，大量"银领型"的新职业、新岗位严重缺人。就业是民生之本，事关人民群众的切身利益，事关高等教育的发展方向。随着教育培训、劳动就业和人事制度的改革，学生的学习观、成才观、就业观发生了深刻变化，使高等教育走校企合作之路，拥有了广大的、主动参与的实践主体。"就业—择业—创业"和全面发展，是高等职业院校学生生存和发展的内在需要，是他们的现实选择和人生发展的轨迹，也是学生学习知识，掌握技能，提高素质，还是走生产劳动、专业实践、社会服务成才之路的根本动力。要完成好培养高技能人才的项目，就必须坚持以就业为导向，必须走产学研相结合的改革发展之路，这是贯彻落实党的教育方针的要求，是高等教育改革发展的必由之路。

校企合作已成为实施高校校企合作人才的培养模式，必将使高校以服务当地经济建设和社会发展为己任，紧密跟踪劳动力市场的需求变化，紧密结合某一行业、企业的需要，加强市场调查与需求预测，了解用人单位的需求，了解家长与学生的就业期望，主动进行专业结构调整，大力加强特色专业建设，积极开展校企合作办学，紧密联系生产实践第一线的实际，将实践性教学贯穿技能型人才培养的全过程，将教学活动与生产实践、社会服务、技术推广及技术开发紧密结合起来，培养"适销对路"的实用人才。

（三）校企合作的必然性

高校商务英语教育的根本特点是培养目标的应用性、专业设置和课程结构的职业性、教学过程的实践性和办学过程的社会性，它是从职业岗位的知识能力基础出发，以培养建设、管理、服务第一线需要的高等技术应用型专门人才为根本项目。从高校商务英语教育的专业设置和课程结构的职业性特点来看，高等教育与普通高等教育最大的不同之处是两者的教学体系。我国多数高等院校还没有解决这个问题，普通高等教育的专业设置是按学科来划分的，有的专业是一级学科，有的是二级学科，也有的是三级学科，总之是按学科设置专业。

随之在课程结构上，是以该学科的理论体系为框架设置，课程包括主干课程与一般课程，组织实施教学注意的是理论知识的系统化、完整化。高校商务英语教育主要是按社会职业岗位来设置专业，课程结构有明显职业性特征，即以按职业岗位所需要的知识和能力为依据来设置课程、组织教学和实习，培养能胜任该岗位工作，并能迅速进入角色的人才。它的理论体系淡化了传统学科教育的系统性、完整性，注重介绍理论应用范例、应用范围、实际操作和管理规范。它的实践教学体系，改变实践教育偏重理论的验证，强调专业技能上注重适应高新技术与复合岗位的需要，突出实践教学上的综合性。另外，强调集体协作精神和团队精神，学生还应学会自觉遵守社会道德与职业道德并举的管理能力。

从高校商务英语教育办学过程的社会性与教学过程的实践性来看，高等院校一般都是为了一个地区服务的，它与当地社会的联系十分密切，社会直接参与办学，故办学过程的社会性强于普通高校。高校教育当前办学体制改革的重点应放在走校企合作的道路上。首先，高等教育在服务方向上主要是为经济建设第一线服务的，学校应该根据企业对人才的要求来确定培养目标。其次，应用型人才培养的过程离不开企业，良好的实践场所莫过于企业生产的现场。尤其是像我国这样一个处于发展中的国家，教育经费的投入尚不能满足教学的实际需要，背靠企业，通过发挥企业的优势来弥补学校办学条件之不足，是行之有效的办法。高等教育在培养目标上的应用性、专业设置和课程结构的职业性、教学过程的实践性和办学过程的社会性，决定了它是与企业联系更为密切的一种特殊教育，决定了它不能脱离企业，不能脱离社会经济，它是与社会经济发展更为密切的教育。既然是这么一种教育，我们仅依靠现有条件，封闭式办学，脱离企业的办学，就很难达到所培养的目标。要想真正办出特色，更好地进行校企合作，只有实施高校商务英语教育校企合作人才培养模式才是实现培养应用型人才的根本保证。

第二节　校企合作的运作机制

一、校企合作运作机制的内涵

高校商务英语校企合作运行机制是从高等教育校企合作运行的角度，对高等教育校企合作机制进行研究的。因此，对高校商务英语教育校企合作运行的界定，有利于帮助我们更好地探析高等教育校企合作运行机制的内涵。

(一) 高等教育校企合作运行

要明确校企合作运行，首先需要对合作关系这一概念进行界定。合作关系就是合作主体或成员之间形成的一种协调关系，这种协调关系的形成是以保证实现某个特定的目标或效益为目的的。合作关系从无到有的一个过程，一般是合作双方初次接触、双方彼此熟悉、双方共同进行合作关系的维护、合作双方继续或终止合作。这个合作过程表现在高校商务英语校企合作的运行中，指的是高等商务英语院校与企业共同参与校企合作中相互产生的影响及发挥各自作用的过程。本节将这一过程划分为三个阶段：一是高等商务英语院校通过彼此初步接触和相互熟悉启动校企合作；二是在校企合作的实现过程中，高等商务英语院校和企业之间通过合作项目进行进一步的熟悉，对合作过程中的问题和方式等进行维护与调整，并对合作过程进行监督与评估；三是在合作结束后，对校企合作结果进行验收，以此决定双方关系是否实现合作目标。

（二）高等商务英语院校校企合作运行机制

运行机制指的是在人类社会有规律的运动中，影响这种运动的各因素的结构、功能及其相互关系，以及这些因素产生影响、发挥功能的作用过程和作用原理及其运行方式。在高等教育中，校企合作运行机制是指校企合作各影响因素的结构、功能及相互发生作用的关系和这些因素产生影响、发挥作用的过程和原理以及运行方式。从这一定义出发，笔者主要从校企合作的组织机构、运行方式、管理制度及评价与监控体系四个方面对校企合作运行机制进行阐述。运行机制有好与坏之分，要保证某一运动目标与项目等的实现，必须建立一套协调、灵活、高效的运行机制。因此，从校企合作构建依据、合作制度化、评价与监控的完善等方面提出高等商务英语院校校企合作运行机制构建的建议。

1.高等商务英语院校校企合作组织机构

（1）设立校企合作组织机构的原因分析

校企合作组织机构是对校企合作活动进行管理的载体。首先，高等商务英语院校与企业作为两种不同性质的组织，其开展的活动有着不同的目的，基于不同的目的所各自建立的内部组织架构也大不相同，其各个部门的职责也是不一样的。其次，每个企业对校企合作的需求是不一样的，随着校企合作的进行，企业对校企合作的需求也有可能发生变化。最后，校企合作实施过程中，因其是一个较为开放的系统，具有较大的随意性和易变性。在这三个方面影响下，易导致高等商务英语院校与企业信息的不对称，对校企合作管理的难度增大。因此，高等商务英语院校要及时准确地辨识信息，并做出准确的合作判断以及加强对校企合作的管理，这就需要设立专门的校企合作组织机构。

（2）校企合作组织机构的功能分析

校企合作组织机构的功能可以从两个方面来分析，一是连接功能。即高等商务英语院校成立校企合作组织机构，通过这一机构与外部企业实现连接，可以方便高等商务英语院校与企业之间的联系与沟通，也有助于及时准确地了解企业需求等有效校企合作信息。二是监督功能。高等商务英语院校的校企合作组织机构在与企业连接的同时，也可以对高等商务英语院校与企业的合作行为进行监督，及时发现和协调校企合作过程中出现的诸多问题，避免一些不必要的成本浪费，保障校企合作顺利运行，对提高校企合作的效率发挥着一定作用。

2.管理制度与评价和监控体系

高等商务英语院校校企合作运行机制研究中所涉及的管理制度建设问题，主要是从高等商务英语院校的校企合作运行自身入手，对校企合作运行中的具体合作做出规定，从而确保高等商务英语院校校企合作的有序且有效运行，而非从校企合作外部，如政府色度做出一些规定，以保证高等商务英语院校校企合作的运行。在教师队伍建设、实训基地建设、学生实习管理等校企合作项目中，高等商务英语院校应制定保证这些项目顺利进行的管理制度。只有对校企合作运行的各个环节进行科学的评价与监控，才能在防止校企合作运行出现偏差的同时，不断改进校企合作的运行，进而保证校企合作的有序运行，促进校企合作的发展，校企合作评价与监控体系均是保障校企合作有序运行的手段。

二、校企合作运行机制建构的依据

（一）坚持教育性原则

教育的本质是培养人，人是教育的对象，校企合作作为高等商务英语院校的一种办学模式，是一种教育行为。从事高等教育的教育工作者除了有意识地对受教育者完成知识传授和培养职业技能，还应承担受教育者通用能力的培养。

我国高等商务英语院校是教育系统的重要组成部分，区别于普通教育，是一种专门教育、专业教育。高等商务英语院校与企业开展校企合作的原因之一是为完成高等教育的目标，即技能型人才的培养，因此，要求在校企合作运行过程中应坚持教育性原则，旨在防止以单纯的职业技能训练代替高等教育。德国哲学家雅斯贝斯认为，"教育是人与人精神相契合的活动""训练是一种心灵隔离的活动丁单纯的技能训练活动，不是育人，而是把人工具化为机器，使得学生只能适应短期的、单向的职业需求，无助于学生适应未来职业发展的需求以及学生全面发展的实现。

商务英语校企要想在合作过程中发挥教育性功能，就必须有一支高素质、高水平的高校商务英语师资队伍，教师既要有广博精深的科学知识和较强的实践能力，又要具有高尚的人格，有育人的意识与本领，因此，高等商务英语院校在参与校企合作中要坚持教育性原则，要重视高校商务英语师资队伍的建设与培养。

（二）遵循市场规律

高等教育应具有市场性。高校商务英语教育是与社会经济发展联系最为紧密的教育类型，在市场经济条件下，必然应置身于市场环境之中。高等商务英语院校培养的毕业生与企业所生产的商品具有共性，既要适应市场需要，同时也具有自身的特殊性，即不同于作为物质资源的商品，毕业生是能创造价值的人力资源。基于此，毕业生是否符合市场需要与毕业生能否为企业创造价值，直接关系到毕业生自身的发展和高等商务英语院校的生存状态与发展前景。因此，高等商务英语院校在办学过程中应坚持市场性原则。

为提高校企合作质量，高等商务英语院校必须遵循市场规律。高等教育校企合作的另一主体是企业。由于我国高等教育校企合作政策与法规的不完善、企业成熟度不高、企业参与高等教育历史传统的缺乏等使得企业参与高等教育校企合作的热情不高，而高等商务英语院校在摸索争取企业合作的过程中存在着很大的风险且承担的校企合作项目多、负担重。

（三）注重质量的原则

注重质量的原则主要包括高等商务英语院校自身质量和校企合作的质量。从高等商务英语院校角度出发，学校的自身质量影响着校企合作的质量。

高等商务英语院校注重校企合作质量的原则不仅仅要体现在教学层面、管理质量等微观层面，还要求高等商务英语院校在宏观上应将校企合作提升到一定的层次，不是罔顾自身实际地盲目与企业合作，或借助与企业合作达到利益目标，而是合理开发和运用高等商务英语院校自身与企业中可利用的教育教学资源，提升为学生、企业和社会服务的质量。高等商务英语院校在与企业的合作过程中，注意保持自身的优势资源并使之发展巩固，这样才有利于与企业的合作长期进行下去。

高等商务英语院校自身质量是校企合作建立与保持是保障校企合作长久运行的关键。高等商务英语院校在与企业合作中，应避免片面追求合作企业的数量、合作规模和速度等短视行为，在与企业合作中更需关注合作的质量。质量性原则的遵循要求高等商务英语院校在构建校企合作运行机制时要注重自身功能的完善和质量的提升。

第三节 "订单式"人才培育

订单式培养也称"人才定做",指学校与用人单位,针对岗位的内容进行指定技能的培训。这样的人才定做针对的是合作企业的人才需求进行的,所进行的技能学习及实践均会针对岗位上所需要使用的技能,并在岗位上进行技能的实施掌握。通常"订单式"的人才培育是企业比较喜欢的类型,因为可以完美契合岗位的内容,同时在培育期间可以培养人才对公司的归属感。

一、"订单式"人才培育的概念

"订单式"人才培养是一种新型的校企合作培养模式,近些年来在我国高等教育模式改革实践中异军突起。我国的"订单式"人才培养分为两类,第一种模式是直接订单,即职业院校直接与用人企业签订订单,在培养过程中进行合作,并无其他机构的介入。直接订单根据实施时间又可以细分为三种形式:一是学前订单,在学校开学之初,企业指派专业人员进入学校对学生进行筛选选拔,并与校方共同签订人才培养方案;二是学中订单,即对新生进行一年的理论知识教育后,在第二学年进行学生和订单企业的互选,并实现校企共同培养,第三学年安排学生到企业顶岗实习;三是毕业季订单,即在学生临近毕业时,企业到学校里选拔人才,再根据企业的需要和选拔结果,与学校签订订单,对学生进行较短时间的培训,这实质上是一种岗前培训契约。第二种模式是间接订单,即学校与职业中介机构或者中间企业签订订单,培养出合格的人才后,这些中介机构或企业根据各企业的要求,按岗位需求和学生专业对毕业生进行重新分配。这种模式中企业和学校之间没有直接沟通，因此校企合作的性质体现得不强。在此过程中，中介机构体现的是一种桥梁的作用，将毕业生介绍或派遣到新单位，在实际应用中直接订单使用较为广泛。

具体来说，"订单式"人才培养就是学校根据用人单位的实际需要，与用人单位共同签订订单协议，协商制定人才培养方案，在培养过程中在师资、技术、设备等办学条件方面进行合作，并进行校方和企业的双重评价考核，学生毕业后直接成为订单企业的员工的一种人才培养模式，这种模式充分体现了产学结合。这种培养策略，能够从根本上保证高校学生学习内容的岗位针对性和职业技能实用性，同时解决了岗前培训问题，使大批高校毕业生顺利进入人才就业市场，提高了就业率。从社会利益来讲，更好地实现了高等教育直接为国家和地方的经济发展培养数以万计的应用型人才的目标。"订单式"人才培养的核心环节包括四部分，即校企双方共同制订人才培养计划；教育资源互补，共同培养人才；针对具体岗位要求进行实践动手能力的培养；企业按照订单协议安排毕业生就业。

二、订单式人才培养的基本特点

高等高等教育人才培养目标的主要定位为高等性、职业性、应用性、技术性。"订单式"人才培养正是围绕高等教育人才培养目标，在"订单培养"中体现"校企合作"的人才培养模式。高等教育与普通教育模式的最大区别在于，它培养的人才具有技能实践性。岗位技能是学生贴近职场、直接适应企业需要的优势所在，由于"订单式"培养是由企业针对岗位待定需求提出明确的岗位人才需求，学校直接参考具体岗位作岗位的技术标准、工作流程来制订培养目标和培养计划，完成按照用人单位对岗位人才的要求实施教学，做到了具体问题具体分析，从而确保了培养目标的针对性和具体岗位职业能力的明确性，也符合高等教育人才培养目标针对职业岗位的客观规律。由于具体的岗位技能要求细致明了，因此学生有着明确的努力方向，教师教学也就有了针对性。在此基础上，学校与企业利用共同资源联合培养人才，学生在校期间将理论知识和工作实践紧密结合，毕业后直接到该岗位就业。

"订单式"人才培养的培养内容具有很强的应用性。教学内容的选择以具体岗位能力要求为基础和依据，体现了实用性、针对性、典型性、适用性和鲜明的时代要求。在培养过程中尤其强调实践环节，突出了具体的实践操作技能，保证了职业适应能力，培养出来的毕业生往往一上岗就能熟练地进行工作，因此有效地增强了毕业生在劳动力市场上的竞争力。

"订单式"人才培养的模式有两个显著的特征：一是学校与企业共同制订人才培养方案，教学中的理论知识与技能训练内容由专业教师与企业工程师共同制定；二是企业全面参与人才培养过程，在师资、技术、办学条件等方面与学校合作，提供相应资源，并参与人才质量的考核和评估。首先，校企双方代表共同制订人才培养方案。"订单式"培养条件下，校企双方是一种合作和双赢的关系，这种关系贯穿整个培养过程。为了保证订单培养的毕业生真正达到目标岗位的要求，符合企业对人才的需求，企应该全方位、深层次地参与订单人才培养过程；与校方沟通，共同制订人才培养方案；为课程设置与教学内容提出具体要求，对课程的内容、结构、比例和总体课时做系统的安排、调整、更新和改造；参照培养目标，配合学校进行考核等。其次，优化了专业结构，迎合了就业市场的需求。按照订单协议，学生毕业后直接进入企业展开工作，以熟练的操作技能和良好的业务素质，迅速适应企业需求，并成长为操作能手和业务骨干。这既有效地解决了高校毕业生毕业即失业、结构性失业等就业难的困境，也实现了高校学生毕业与上岗的"零过渡"，提高了就业率。

三、订单式人才培育的意义

"订单式"人才培养是一种校企双方基于合作和共赢意识开展的联合育人模式，该模式极大地拉近了高等教育与劳动力市场之间的距离。它针对社会和市场的需求共同制订人才培养计划，共同实现技能人才培养过程和资源的整合。

第一，"订单式"人才培养满足了学校、企业、订单学生乃至整个社会的利益，达到了参与各方的共赢。首先，企业对人才的需求是与时俱进、不断变化的。通过"订单式"人才培养，企业得到了一批动手能力强、满足岗位需求，且深刻认同企业文化的合格人才，尤其是特殊或急需紧缺专业人才，为企业接下来的经营和发展做好了人才储备。同时，避免了到社会上招聘人才的盲目性，节省了招聘成本以及岗前培训的人力、物力和财力支出。其次，高校学校实施"订单式"人才培养，一方面提高了毕业生的质量和就业率，在竞争日益激烈的劳动力市场中实现了毕业生的对口就业和稳步就业。另一方面，这种模式下，校企双方的资源得到充分共享，学校"双师型"队伍得以充实，院校实训设备与场所也能不断改进和更新。同时，有效地防止和解决了学校办学与社会相脱离的问题，推动了校企合作的步伐，学校将此模式做大做好，可以扩大学校的知名度，做大学校品牌。再次，对订单学生来说，专业定向明确，学习内容针对性强，学习目的明确，学习积极性高，没有毕业后找不到工作的忧虑，因此更能专心地学习与进步。同时，订单学生掌握了技术，技术即财富，加上年龄普遍较小，走上岗位后能够更好地深造。最后，"订单式"人才培养还有着极大的社会效益。就业问题是民生之本，是经济社会发展的优先目标，尤其是大学生的就业问题关系着社会的稳定和百姓的安居乐业。由于"订单学生"的就业问题得到了妥善解决，学生和家长的满意度提高，因此在一定程度上稳定了就业大局势，维护了社会的稳定和安定团结。

第二，"订单式"人才培养是大力发展高等教育的必然要求，是高等院校主动出击适应市场和时代需求的有效举措。"订单式"人才培养作为校企合作的新形式，以市场需求为导向，保证了专业设置的动态化，在培养目标的设置上满足了社会职业岗位对职业人才的规格要求，教学计划和教学大纲的编制具备现实针对性和岗位针对性，这对于促进校企合作办学结合，促进高等教育与社会需求的接轨起着重要作用，深化了高等教育培养模式的改革。"订单式"人才培养实现了学校专业设置、人才培养目标定位与市场需求的高效衔接。高等高等教育培养的是技术型人才，而不是普通高校培养的学术型人才，衡量高等高等教育的办学是否适应市场需求的重要指标之一是培养的学生是否受到用人单位的欢迎，毕业生就业率是否稳定提高。从这个角度来说"订单式"人才培养实现了面向市场、以就业为导向的办学理念，及时地适应了高等院校适应市场化的教学改革的趋势，有效地避免了高等教育与社会生产实际的脱节。"订单式"人才培养从培养目标的定位、专业设置，到教学内容、教学方式等方面都有了较大改进，避免了以往存在的高等院校培养目标与社会需求间的结构性矛盾（即"就业难"和"招工难"并存的奇怪状况），提高了订单企业、毕业生、毕业生家长的满意度以及就业的专业对口率，防止了培养目标与市场脱节、与岗位能力脱节的弊端，是一种与市场需求相适应的高技能人才教育体制。

四、订单式人才培育流程

（一）确认合作企业

"订单式"人才培养的最大特点就是按需培养。企业的需求与支撑是"订单式"人才培养的前提，获得订单是"订单式"人才培养方案确立的关键。由于企业是直接使用订单人才的地方，只有有大量的企业供学校筛选，学校才能优中选优，挑出最符合学生需求的合作伙伴。因此学校必须立足市场需求，积极争取资金雄厚、技术先进、诚信度高、发展前景较好的企业作为订单企业。同时要对合作企业的管理模式、创新能力、技术实力、产品占有率、发展潜力、形象和信誉，以及对一线人才的需求情况等进行全方位的调研。与企业就订单数量、人才规格、课程设置、资源共享方式、校内学习和企业实习的方式、考核方式、淘汰机制、毕业生待遇等都需要进行细致的协商，达成共识，并以"订单"的形式加以规范，以保证"订单"人才培养能够规范而有序地开展。

（二）促进信息交流

在当今社会，有相当一部分高等院校与企业面临着这样一个难题：一方面是高等院校的毕业生在激烈的社会竞争下就业困难，另一方面是企业难以招到符合需要的高技术人才。这些不利因素完全是可以通过完善信息来避免的，这说明，毕业生和企业之间、职业学校与企业之间都在信息方面缺乏实质性的沟通。

为避免这种情况的出现，在"订单式"人才培养中，学校要建立起全方位的产学信息咨询机构，通过多种途径与企业开展信息交流，这样双方都能准确而及时地了解对方的情况，避免因为信息不对称引起的订单难题。首先，学校要向学生提供合作企业的详细信息，包括企业的经济类型、生产规模、组织结构、经营和管理模式、企业文化等，使学生能全方位地了解企业。其次，要组织企业专门人员向学生介绍企业的经营哲学、价值观念、精神风貌、管理制度等企业文化，使学生能尽早地了解并接受企业文化，在以后的工作中尽快地融入进去，达到观念性与实践性的统一。最后，企业要就学生关心的内容进行答疑，如具体工资待遇、福利项目、进步空间、历届毕业生的就业跟踪等。在此过程中，企业要及时、真诚地与学校有关部门配合，并提出自己的意见。在学校和企业的积极配合下，既可以保障信息的及时性和准确性，又能使学生准确了解自己所处的订单详情。

（三）签订订单协议

校企双方负责人达成共识之后，派出各自代表来签订"订单式"人才培养协议。订单协议要严格遵照资源共享、互利共赢、平等协商、共同发展的原则制定，订单协议应明确培养时间，重点规定甲方（学校）和乙方（订单企业）的权利和义务。甲方义务一般包括设置订单专业、组建订单班级、与乙方共同制订教学计划，以及课程教学大纲、完成教学计划、协助参与对学生的实训指导工作、明确对违反企业规定的学生的纪律处分等。乙方的义务包括与甲方共同制定教学计划和课程教学大纲，负责对"订单式"人才培养学生的实习岗位的落实，参与学生实习、实训课程的实践教学指导工作，对学生的实训情况进行考核，选择内部的熟练技术工人参与相关课程的教授等。

（四）组织并实施人才培养

本着合作性的原则，订单企业要提供行业专家和资深人士，组成专业建设指导委员会与校方代表合作，共同制订完善的人才培养方案与专业发展规划，使培养出的学生更具岗位适用性和社会适用性。人才培养目标的制定既要满足教育部关于高等教育"以服务为宗旨，以就业为导向，为社会主义现代化建设培养千百万高素质技能型专门人才"的目标定位，又要充分体现企业的特殊需求，符合企业的用人标准。人才培养方案要及时调整；专业方向的设置要参照企业的生产规模、经营状况、市场前景、技术水平和岗位具体需求；教学进度计划和学制学年的设置要符合学生掌握知识技能的学习规律；确定理论课程与实践课程的课程比例和学时学分、考核所占比重，以适应"订单式"人才培养的需要。

首先，构建科学的课程体系。"订单式"人才培养是一种针对性很强的教育模式，它的顺利开展牵涉到具体培养目标的改革，因此就离不开学校对原有办学模式、教学方法、管理体制、课程体系、考核方式的改革，因此学校必须有锐意革新的精神和大刀阔斧的力度，精心制定课程方案，优化培养模式，构建新的课程体系（如增设实用课程、开发实训课程等，狠抓落实，才能将"订单式"人才培养做大做好。在设置课程内容时，要把技术应用能力和职业素质的培养作为主线，在遵循"实际、实用、实践、实训、实效"的原则承学环节中，要明确不同课程在管理学习方面的要求及其所占的比例，尤其是要突出实践课的比例；考核中要校企合作，共同制定考核标准，理论课的考核一般由校方来组织实施，而相关的技能测试类的考核主要由企业来组织进行，以全方位提高学生的综合评价培养质量。

其次，要保证培养方案的有效贯彻和实施，需要建立和完善教学实训基地。"欲善其事，必先利其器"。完善的校内外实训基地是提高学生动手能力的重要场所，也是实行"订单式"人才培养不可或缺的重要基础。一是完善的校内仿真实训基地。实习实训是"订单式"人才培养的重要环节，它既与生产实践极为接近，也与新技术的进步同步，因此对实训设备提出了严格的要求。为了将实践性教学落到实处，保证教学的高效性，校方应该建设符合企业需要的教学实习实训中心，配置所需的基础设备及先进设备，并仿照企业的管理模式进行运作。这样既便于学生在实训过程中体验企业工作环境，又便于其设身处地、深入了解企业文化。二是全方位的校外实训基地。校外实训是高等院校培养职业人才的关键环节之一，是提高学生实际动手能力和职业能力必需的教学手段。校外实训基地是校内实训基地的重要补充，也是产学研合作教育的重要依托和培养学生综合职业素质的实践性学习与训练场所。校外实训基地是指直接将订单企业作为学生实习和实训的场所，将学生送到企业进行顶岗实习，由于他们在校内已学到了一定的基础理论知识并在实习实训过程中提高了技能水平，因此他们能够较快地将所学知识应用到企业的实际生产活动中去，一般用时三个月到半年。在这个过程中，学生不但巩固了已有知识，而且进行了一线锻炼，全面地了解了企业的实际生产过程和企业文化。

（五）按协议安排毕业生就业

经过两年或三年的订单培养，"订单班"的学生在特定岗位技能方面得到了相应的提高，因此安排订单学生就业就成为履行订单协议的最后步骤。因为"订单班"在组建过程中一般都按照一定的比例扩大了招生，这样便于在培养过程中实行激励机制和毕业考核时，企业能够充分选择达到培养目标的人才。因此，高等院校应当按照订单中考核体系的要求，结合企业的评价结果确定出学生的综合成绩，向企业推荐基础扎实、技能熟练、态度积极的毕业生。另外，企业也要履行好协议，安排合格毕业生到岗就业。

五、订单式人才培育的正确实施

（一）调动校企积极性

首先，从利益方面调动企业积极性。企业的效益可以分为经济效益和社会效益两方面。不同规模的企业对社会效益的侧重不同，中小企业相比大型企业，在社会效益方面贡献得相对较少。对此学校可以具体问题具体分析，对于中小型订单企业，学校要秉着减轻企业负担的原则，给予适当的经济补贴，缓解企业对校企合作中投入过多造成的心理不平衡感；对大型企业，一方面，要培养其所需紧缺型人才以给企业提供持续的人才后劲；另一方面，要做好企业宣传以扩大企业的知名度，增强企业的社会影响力。

其次，校方保证培养质量以提高企业积极性。学生的培养质量直接关系着"订单式"人才培养长效机制的建立。如果培养的学生都能够熟练地掌握岗位所需技能，很快地适应岗位需求和企业文化，无疑就是该模式的最好宣传。因此学校要针对订单合同，切实地做好选拔、培养、评价和考核工作，以保证培养质量，提高企业对订单学生的满意度。这样就能提高订单企业的积极性，同时打响招牌，吸引更多更好的企业来签订协议，有效地保证了"订单式"人才培养长效机制的建立。

（二）调动学生积极性

订单一经确立，学生就是企业的准员工，因此及早地了解和融入企业文化，对调动学生参与的积极性有重要作用。了解企业文化的最好方式就是课程设置和教学管理中体现校园文化与企业文化的融合。首先，学校要开设体现订单企业特色、全面系统的企业文化课程，增强学生对企业文化的认识和认同感，培养他们的企业主人翁意识和敬业爱岗精神。其次，高等院校在建设校园文化时，要引进企业文化的精髓。校园文化包括物质文化、精神文化、制度文化和行为文化四部分，具有很强的影响力和渗透性，能够在潜移默化中影响学生的发展。文化活动建设是校园文化建设的"活化剂"，也是校园文化中最容易引起学生参与的部分。事实证明，各种学生社团、兴趣协会是学生文化活动的最好形式。因此，校方可以组织举办针对性强的兴趣类社团，将企业的经营哲学、企业精神、价值观念、企业道德、团体意识等企业文化以学生喜闻乐见的形式表现出来，使学生在潜移默化中了解以后所从事的行业及企业的文化。这样既丰富了学生业余生活，也培养了企业文化素养，实现了校园文化和企业文化的无缝对接。

（三）规范订单合同

针对订单合同暴露出的不规范性，应当健全相关的法律法规，规范订单合同。这主要涉及三个方面的内容，即对合同的内容进行完善，对合同的形式进行规范，对签订合同的程序进行规范。首先，完善合同内容。有关部门在制定相关的教育法律法规时应当做到以下四点：第一，对"订单式"培养中，企业与学生之间存在法律关系以及参与各方的权利与义务做出明确规定；第二，以立法的方式明确规定高等教育中"订单式"人才培养中的"国家要求"，以保障教育的公益性和社会性；第三，对特殊情况做出规定，如毕业生可以不与企业签订劳动合同，或者优秀者签订劳动合同时可以不使用试用期；第四，保障学生在实习实训期间安全的措施和方法等。

其次，规范合同形式。鉴于"订单式"培养合同使用的普遍性，教育行政主管部门应当连同高等教育界、企业界、学生界，以往"订单式"培养的毕业生等各种利益相关方的代表共同制定相应的模板式合同，供学校、企业和学生参考使用，等成熟后再以行政命令的形式强制使用。

最后，规范签订合同的程序。因为高等教育中"订单式"培养合同带有教育属性，因而具有社会公益性，为了保障"订单式"培养合同的公正性，切实保护学生的切身利益，有关部门在立法时应当加大签订订单合同的程序上的规定力度。学校有责任及时向学生公开签订的"订单式"培养合同文本，以保障学生的知情权、参与权和监督权，这样就能有效地避免以往存在的"订单式"培养合同中对学生合法权益的漠视、学生参与度不高等现象的出现。

（四）设立职教集团，调和订单量

订单量是"订单式"人才培养的核心要素。由于中小企业订单需求数量有限和高等院校单独组班的成本高昂之间存在着矛盾，既直接影响了中小企业对于"订单式"人才培养的热情，也失去了一部分企业对高等院校的信任。因此，如何调和中小企业的订单问题是高等院校亟须解决的问题。学校、政府、企业、市场组建"职教集团"，实行集团化办学是妥善解决这一问题的有效且切实可行的方法。职教集团是指由若干具有独立法人资格的职业学校和相关企事业单位，以契约或资产为纽带而组成的不以营利为目的的高等教育办学联合体。职教集团的组建，一是可以使"订单式"人才培养由个别学校和个别企业的双边合作，演变为高等教育集团与多个企业的多边合作。二是可以增大订单来源信息量，极大地方便了学校与企业之间的互选和对口合作。三是能够制定统一的规范和协调机制，在面对合作中可能产生的矛盾或纠纷时，能够以统一的标准进行协调处理。

职教集团每年定期召开会议，面向集团内部各企业广泛征集培养订单。秘书处负责分类汇总，将各个企业的小数量"订单"做出统计，再按照具体要求归类到相近的学科和专业中统编班，并制定出相应的教学计划和大纲。再根据集团内部各院校的办学特色和实际情况，参考学校的品牌优势、专业实力和已有教学资源等，向各大院校下达培养目标（培养"订单"），接到"订单"任务的院校，应当参照学生的所在年级和专业知识基础，选拔出一定数量的学生组成"订单班"。在具体的培养过程中，秘书处应进行追踪调查，定期组织企业代表和行业专家莅临学校进行监督和指导，以保证培养出合格的人才。这样既可以满足校方对于订单学生的规模化教学的要求，又可以保证中小企业及时获得生产经营所需的高技能人才。由此可见，以职教集团为平台，妥善调解高等院校和企业订单量之间的矛盾，能够极大地促进"订单式"培养的顺利开展。

（五）完善实训基地

优良的校内实习实训基地既能够为学生提供真实的训练场所和职业环境，又能够使教学过程贴近岗位工作的实际。因此校企合作共同完善校内实习实训基地是必然之举。

针对资金有限的中小企业，在实习实训基地的建设上可以采取学校主导的模式，即投资主体以学校为主，企业为辅，完善实习实训基地。在这一过程中学校要及时与企业沟通，保证设备资源的先进性和对市场的感应度。针对资金充足、实力雄厚的大企业，则适合企业主导模式，即以企业为投资主体，企业采取捐赠或者赞助的方式，向学校提供生产设备和资金，学校则提供土地、厂房以及生产所需的基本设施来支持校内仿真实习实训基地的建设。此外，还可以采用"共建共享模式"，即校企双方共同建立和享用校内生产性实训基地。"共建共享模式"是一种比较自由的投资形式，校企双方只要有需求，就可以开展这种较为自由灵活的合作模式，优势互补，共同管理，完善校内实训基地。

无论是采用哪种模式都要保证实训设备的真实性和先进性，实训场所的职业性和逼真性，使实习实训基地真正能够贴近工作场景，从而提高学生技能。

顶岗实习是学生提高实践技能的重要方式。企业的生产设备和实践环境是学校无法完全复制的，因此企业实地的生产环境就显得格外珍贵。企业要及时提供顶岗实习的机会，安排学生到企业顶岗实习，并派行业专家指导，跟踪评价，提高学生的实践能力，将学校课堂学习、校内实训基地锻炼、企业车间一线实习有机地结合起来。

（六）学生职业能力的重视培养

"订单式"人才培养面临着人才规格的单一性和社会需求的多样性之间的矛盾，因此学生的就业方向往往比较局限。因此必须对其进行改良，构建具有职业发展基础的培养模式，使学生具有扎实的基础知识和较宽泛的基本技能，以拓宽学生的就业领域。教学计划的设置要关注学生的职业能力，首先要考虑专业人才规格的总要求，从总体上对培养目标、课程设置、课时比例和管理考核等方面做出规定，强调学生的全面发展。其次，教学计划要体现该专业的具体要求，在课程设置中充分涵盖岗位所需专项职业能力，使教学内容有针对性。

在课程设置中要建立科学的预测机制，突出"综合能力"的培养。"订单式"人才培养在培养过程中可以添加适当内容，形成以岗位专业能力为核心的多层次通用能力，适合学生所学专业涉及的岗位群的需求。这样就变单一的岗位需求导向为岗位群需求为导向，扩大了学生的就业面。为此学校要做到两点：第一，在教学过程中要注重学生认知能力、迁移能力、自主学习能力、自我发展能力的培养，体现学生的可持续发展性，提高学生的转岗竞争力。第二，以专业能力为核心构建课程，即课程不以传授系统的学科知识为主，而是以培养技术实践能力为主，它符合职业能力的具体要求。专业课程的设置要以职业岗位（群）所需要的专业能力为核心，将专业基础课和专业课程整合起来。通过分析社会职业岗位（群）的任务要求，确定学生应达到的能力体系，再确定要达到这种能力体系所对应的课程体系。这实质上是按需培养，社会职业岗位（群）需要员工具备何种知识与能力，掌握何种技能，学校就设置何种课程，充分体现知识和能力的职业岗位性。

（七）完善学生的职业生涯教育

职业生涯教育是在指各个教育阶段中进行"职业生涯观念"和"职业生涯准备"的教育，以培养学生的劳动观和职业观为目的。它高度重视每个人与生俱来的创造性，并追求人的个性的发展，最终达到使每个学生具有相应的职业知识和技能的目的。这种教育培养了学生自我认知、自主选择人生道路的能力。高等院校具体可以从以下两个方面着手。

首先，开展从入学初期到毕业的贯穿全程的职业生涯规划教育。在入学初期即对学生进行职业规划测评，引进可靠的职业测评系统如霍兰德职业兴趣测试、DISC 行为方式测试（性格测试）、职业定位测试（职业锚测试）、职业能力倾向测试等对学生进行职业测评。通过对测验结果的分析全面了解学生的性格、兴趣，帮助学生认识和了解自己，增强自我认知，了解自己的气质性格、兴趣爱好、情商智商、优点缺点、思维方式等。这样让学生既能了解自己想做什么、能做什么，也要弄清自己的优势在于做什么，在面对众多的选择时优先选择什么等问题，了解自己未来最佳的职业取向。这样有了清晰的定向，学生在面临众多"订单"时便能够从实际出发，参考职业取向和订单前景来进行互选。影响人的择业的三大因素分别是个人天赋、兴趣因素和个人的专业，这样做也就充分尊重了人的本性和教育规律。

其次，在此基础上，对学生进行职业心理辅导。职业规划测评的结果仅是学生选择职业方向的参考依据，而不是全部依据。职业规划测试的结果要慎重解读，听取专家的详解，充分发挥其对职业选择的帮助，以免起到负面作用。通常来说，职业规划测评的准确率通常仅为30%~40%，而职业规划测评的结果分析也缺乏针对性，往往仅有宽泛而笼统的建议，测试者缺乏一定的专业分析能力，往往无所适从。所以，高等院校在高度重视学生的就业咨询与辅导的同时，要充分意识到职业规划师的重要性，要充实就业咨询师队伍，引进经验丰富的、训练有素的职业规划师，对学生的职业规划测评结果进行正确解读，并结合每个人不同的具体实际情况，提出具体的行业及职业选择解决方案，将学生的心理辅导与职业世界联系起来，寻求最佳匹配。

（八）合理选拔订单学生

订单培养对象的确定，必须充分坚持"双向选择"的原则，学生在选择企业的同时，企业要按一定规格进行生源的筛选。学校可以在充分介绍企业的用人需求及以往订单详情的情况下，采取自愿报名的形式，在几个相近专业中，精心制定考试内容，组织专业考试，挑选有天赋的、成绩优秀、可塑性强的学生组成订单班，以保证订单生源的质量。

在培养对象的考核过程中，企业应积极与学校合作，参与学生的考核。在"订单式"人才培养中，如果依旧是教师作为评价主体，将学科考试成绩作为评价的核心标准，缺乏企业一方的评价，就会影响学生的培养质量，同时不利于校企之间认同感的建立。因此，企业要积极参与，将学生在企业的出勤情况、人际关系协调能力，尤其是将实践动手能力、应变能力、协调能力、发展潜力等由企业师傅评价的项目纳入考核标准。在这种合作下，既能全面地评价学生的考试成绩，又能将学生在企业的表现纳入考核，就能更全面地评价学生和督促学生，及时地提醒学生兼顾理论知识和实践能力，及时激励优秀的学生，保证培养质量。

（九）建立正确的淘汰机制及双证机制

在"订单式"人才培养的过程中，为保证学生有充分的学习动力，要避免懒惰懈怠行为的出现，就必须引进竞争和淘汰机制，尤其是要建立和实施末位淘汰机制，确保订单学生的培养质量。首先，学校和企业必须加强对学生的教育和管理，通过设立奖学金、荣誉奖励等激励机制，使优秀的学生能够脱颖而出，给其他学生树立良好的榜样。其次，要建立末位淘汰机制。没有淘汰就没有压力，对那些成绩落后、态度懒散、不求上进的学生采取劝诫和督促，必要时可以将其淘汰出列，以保证培养质量。对中期就被淘汰的学生，可以采取回炉补考和补习、重修的方式，适当延长培养时间，提高培养质量。

实行"双证"是国家教育法规的要求，也是市场经济对人才的需求。高等院校在进行学历教育的同时，要重视职业资格证书的达标要求，把职业资格标准中要求的知识与技能融入教学内容中去，细化职业资格证书的类别和等级要求，规定相关的知识内容。在教学过程中要把理论知识传授和实践操作能力结合起来。考核过程中强调企业的参与考核，并以实践能力为重点，要求学生在专业知识层面达到大专学历标准，在职业技能方面达到资格证书要求，在实际操作能力方面达到企业用人标准。

（十）企业调研与市场干预

建立企业调研论证机制是改变确立"订单"关系中的信息不对称现象的重要方式，也是保证高质量订单的必然要求。可以通过以下三种方式来保证调研论证的有效性和实用性，首先，师生实地收集市场和企业信息。市场经济条件下的信息不对称现象时常发生，掌握信息比较充足的市场主体，往往能获取更大利益。职业学校在确立"订单"项目时主要有两个方面的信息需求：一是对整个社会和行业的用人需求要有一个大致的了解；二是职业学校要对具有合作潜力和合作意愿的企业有真实而准确的了解。对这两个方面情况的调查论证不充分，是导致"订单式"人才培养一系列问题的最初根源。因此，学校必须立足市场需求，组织员工和学生代表组成专门的调研小组，深入市场和企业进行调研。采用参观一线生产车间、与一线员工对话以及与领导班子沟通等方式，深入了解行业的发展情况、设计的生产技术原理，作为对合作企业参考的依据，此后对初步确定了的合作企业进行进一步的调研，并综合各方面要素进行可行性的分析最终确立订单企业。其次，组织有针对性的问卷调查。学校要组织专门人员制定系统综合的调查问卷，并科学分析调研结果。借此明确企业对人才的基本要求，了解企业的经济实力和用人动机等，抓住机遇、主动出击、寻找那些主观合作愿望强、社会信誉好、客观合作条件好的企业进行合作。最后，以人为本，建立毕业生质量评估和跟踪报告档案信息管理机制。学校要建立对已毕业的订单学生的反馈机制，了解这些毕业生的工作环境、薪酬福利以及.工作满意度等，并将这些情况及时准确地反馈给学校。这样参考学生的评价作为选择合作企业的重要标准，对合作满意度高、评价好的合作企业，建立起长期的人才培养合作机制；对毕业生普遍反映不佳的企业，在明确企业用人动机的基础上，本着对学生负责的原则，采用双方代表洽谈的方式来解决问题，优化合作机制，这样也便于学校及时改进教育内容和方法，进一步提高培养质量，最大限度地满足企业的需求。

学校具体的调研论证工作应从三个方面展开：一是企业的发展潜力和产品的发展空间；二是企业的经营能力、抵御风险的能力和发展远景规划，尤其是企业家的经营管理能力、应变能力、创新能力、决策能力和化解风险的能力等；三是企业合作的信誉度和合作动机，应该选择真正具有人才需求、合作愿望强烈，而不是急功近利、只求获取廉价劳动力的企业。

虽然教育部曾数次明确倡导"订单式"人才培养，但却没有采取强硬的行政措施与经济措施来保障"订单式"人才培养的顺利开展，只靠学校自身的能力与企业自愿的行为来实现。针对这种政府的积极倡导与国家现实的措施不对称的现象，政府应当实现由"倡导"到"推行"职能的转变，积极地提高参与度，为校企双方牵线搭桥，促成校企合作，为高等教育的发展创造良好的环境，奠定坚实的基础。为此，政府应充分发挥其促进地方经济发展的作用，充分利用行政法规等行政手段，以及财政、税收等经济杠杆进行有效的调节。

利用行政法律法规手段对"订单式"人才培养予以支持。一是要完善《高等教育法》。国家要完善针对订单教育的法律法规，在财政税收政策、银行低息贷款、政府褒奖等方面对订单企业加以支持，完善高等教育发展的社会环境，形成支撑高等教育发展的法律体系。二是将政策性文件上升为高等教育法律体系的一部分。在我国，高等教育规范性文件具有明确的针对性和适用性，它们才是真正指导地方高等教育立法和政府有关部门开展工作的规范性依据，因为大都是针对地方详情出台的，所以在实际中所起的作用往往高于国家相关的高等教育法律。但是政策与法律是有区别的，政策规定的内容不但不够详尽和明确，约束力不强，而且没有因家强制力保证实施。要保证这些高等教育政策性文件的有效贯彻实施，真正完善"订单式"人才培养的法律机制，就需要进一步加强高等教育法律法规建设。可试行将这些政策性文件上升为国家高等教育法律体系的一部分，以更好地指导地方工作。

第四节　项目驱动式人才培育

随着我国科学技术的快速发展和社会主义市场经济体制的迅猛发展，企业走向市场，功能改变，自主权扩大。企业由单一的生产型转变成以企业为主的多种经营的开拓型。为了适应这种变化，企业在用人方面需要大量的实用型、技术型、劳动型的人才，也就是说企业需要大量的动手型、技能型人才，这样高等院校原来培养出来的单一知识型人才就不能满足用人单位的需要，这种事实即给高等院校在培养人才方面提供了事实依据，"项目驱动法"教学即是技能型人才培养的良好方法与途径。

一、"项目驱动法"内涵

所谓"项目驱动法"就是在学习的过程中，学生在教师的引导和帮助下，紧紧围绕一个共同的"项目"，在强烈的问题动机的驱动下，通过对学习资源的积极主动应用，进行自主探索和互动协作的学习实践活动。"项目驱动"即围绕专业人才培养目标，专业教师与企事业技术骨干共同参与，科学选择设计教学项目，以项目驱动教学内容的选择和教学过程的实施，使学生在完成项目的过程中，逐步掌握专业核心技能，达到人才培养目标的要求。"项目驱动"
是一种建立在建构主义教学理论基础上的教学法，它要求"项目"的目标性和
教学情境的创建，让学生带着特定项目自主探索问题，在完成"项目"的过程中，
培养学生自学以及教学资源信息处理能力，知识和技能点把握、消化的能力和
理论联系实践的能力，增强学生的独立意识和协作精神。在这个过程中，学生
会不断地获得成就感，可以更大地激发他们的求知欲望，逐步形成一个感知心
智活动的良性循环，从而培养出独立探索、勇于开拓进取的学习能力，实现"授
之以渔"的教学效果。

二、"项目驱动"式人才培养模式的具体实施

（一）人才培养目标明确性，人才职业需求主导教学内容和教学项目

经过相关行业领域专家对专业人才的要求进行剖析，并参照相应的职业资
格标准，制定本专业应该具备的核心能力标准，根据专业核心能力选择课程内
容，建立突出职业能力培养的课程标准。根据教学内容确定具体的项目时要考
虑到以下三点，一是项目一定要涵盖面广。项目应包括职业岗位所涉及的相关
知识、相应能力、个人素质，使学生在完成项目的过程中完备知识体系，形成
职业能力，提升职业素养。二是项目要清楚，具有可操作性。项目的内容设定
要明确、清楚，这样学生才能目标明确，另外，项目还要具有可操作性，使学
生在探索实施的过程中充分运用已经学过的知识，通过自己的实践，使所学的
知识和技能进一步深化巩固，使学生的学习能力、综合运用知识的能力和实际
操作的能力同步提高。三是项目要体现科学性。科学性是指项目要反映行业发
展的最新趋势，让学生通过参与具体的工程项目学习最新的技术，并有利于学

生知识、技能的迁移和创新意识、创新能力的培养。同时要遵循循序渐进的原则，遵循学生的认知规律和专业技能形成的规律，由简单到复杂，由低级到高级，由局部到整体，由单项到综合安排项目内容。

（二）人才培养注重实践能力，以项目驱动组织教学内容和实施

"项目驱动"式人才培养注重学生实践能力的培养，要做到"教、学、做"融为一体，这就要有别于传统的以传授知识为主的课堂教学方式，重点以传授技术、技能、技巧、技艺为主的教学模式。根据"必需、够用"的原则，整合形成模块化课程体系，包括基本素质课程模块、专业基本能力课程模块、职业核心能力课程模块、可持续发展能力课程模块等。根据课程模块的功能，科学选择项目，以项目驱动教学内容的组织，使之有效服务于学生职业能力的形成和职业素养的提高。在实施中要根据认知规律和职业技能形成的规律，沿着单项演练—模拟仿真—综合训练的思路来安排项目，并紧紧围绕项目工程对应的岗位能力和岗位素养的形成，将理论教学与实践教学相互交融。

（三）人才培养注重评价性，以学校、行业、社会评价带动教学评价改革

"项目驱动"式人才培养模式在教学评价方面，改革了传统的教学评价模式，实行过程结合终结、个体结合集体、学院结合社会及企业的三结合评价方式。一是过程结合终结，重点考查学生在学习过程中的态度表现以及代表项目学习的最终作品的质量。二是个体结合集体，重点考查学生的综合素质，重点考查团队协作精神。三是学院结合社会及企业，即是实行学院评价、社会行业评价和企业评价的有机结合。学院评价即通过对工程项目的设计方案、项目模拟实验、项目的具体操作等评价学生对知识的掌握和运用，这种评价倡导学生

对项目进行创新，同时发展学生的个性；行业评价以社会资格认证为主，即将职业资格认证的标准作为评价工程项目完成的质量、实施教学考核的依据，使学校教学与行业要求保持一致，增强学生的就业竞争能力；企业评价采用反馈式评价，即由企业对学生顶岗实训和毕业实习期间进行项目实践的考察，对其综合素质做出总体评价。由企业对学生的思想政治表现、敬业精神与工作态度、与周围同事的关系、独立解决问题的能力、理论知识与专业知识的应用情况、工作中的创造性等若干核心要素进行全面考核，做出鉴定。企业在对学生进行鉴定评价的同时，也对学校的专业教学提出了建设性的意见和建议，实现校企对接，增强了人才培养的实用性。

（四）人才培养注重尽快与岗位实行对接

以校企合作、项目驱动组织校内生产性实习。"项目驱动"式人才培养模式始终贴近社会生产第一线，注重学校教育和企业教育的有机结合。学校通过培养满足企业需要的高质量的人才、与企业合作开发、实施项目，为企业提供人才、智力支持。企业为学生的实践提供设备、资源，为学生准备实践的齿位，选派责任强、技术水平高、经验丰富的员工具体指导学生的实践工作，和学校一起承担育人责任。同时企业作为人才培养质量的检验者和最终的受益者，将企业对人才的要求渗透在育人过程中，对学校人才培养提出建设性的意见，实现学校教育与生产劳动、社会实践相结合。

三、以商务英语专业为例，谈"项目驱动式"人才培养模式的应用

"项目驱动式"人才培养模式提出了以"呈现项目—明确项目完成项目—

项目评价"为主要结构的四阶段论，下面，笔者以商务英语专业为例，谈谈"项目驱动式"人才培养模式的应用。

（一）呈现项目

教师应根据学生的学习水平、教学目标，将课程所规定的知识分成许多块，巧妙隐含在一个有趣的项目中，以激发学生探求知识的积极性，使学生通过完成项目而达到既定的培养目标。教师根据教学目标，结合学生心理发展和学习水平，从一个实际问题或生活中的实际现象出发提出学习项目，引发学生的认知冲突，激发学生的学习兴趣，产生学习的内驱力。学生在接受项目后，教师要引导其拟订完成项目的可行计划或者实施方案。例如，在《国际商务模拟》课程教学中，以"请你向我介绍你的公司和公司的产品"为项目呈现给学生，并提醒学生要解决的问题及解决问题必备的语法特征，这样一个带有挑战性的项目呈现到学生的面前，引起了学生极大的学习兴趣。同时完成项目所需的知识与其原有的认知结构发生了严重的冲突，学生就会拟订新的学习计划和完成项目的初步实施方案，从而有利于学生获取新知，形成新的知识结构体系。

（二）明确项目

学生接受了项目，对完成项目也有了一个初步的实施方案，接下来的环节就是将项目进一步明确。建构主义认为，学生知识的获得是在一定的情境下，借助其他的帮助，利用学习资源通过意义建构方式获得的。这时，教师应创设项目情境，提供与项目相关的学习资料、参考方法和网上相关资料的位置等，为学生完成项目指点迷津，积极培养学生剖析问题和解决问题的能力。

（三）完成项目

实践证明，通过学生间的合作交流，将会更好地补充知识结构的缺陷，完善问题解决的技巧与方法。例如，在《国际商务模拟》中"请你向我介绍你的公司和公司的产品"项目中，教师将全班学生分成几个小组，让他们合作去网上查找选定公司的基本信息以及公司产品等有用信息。同时，教师对学生加以正确引导，把握整个完成项目的内容、进度和方向，给学生以思考的机会和时间，为学生自主学习、自主探索创造一个良好的空间。然后，把课堂交给学生，让他们充分展示自己的学习成果，学生个个都是主角，极大地激发了学生的学习积极性，学生的英语表达能力和国际商务职业能力得到了有效的提高。

（四）评价项目

当学生用幻灯片形式将项目完成后，先让学生自己进行评价和小组与小组互相评价，修改不足，再举行一个成果展示会，聘请专家对学生作品进行评价和点拨。通过对学生学习成果的评点，学生更加明确了完成项目的有效途径。学生通过再次分析项目，利用有效的学习情境，形成了自己的学习、思维方法，建立了新的知识结构。实践证明，"项目驱动式"人才培养模式的实施，使学生的职业能力和职业素养不断提高，教学质量稳步提升，得到了社会的普遍认可和赞扬。用人单位反映学生在学校所学的本领和企业的要求非常接近，工作起来，上手快、效率也高。

第五节　"工学交替"式人才培养模式

"工学交替"人才培养模式是一种学校与企业共同制定人才培养方案，学生在企业生产实践与学校学习相互交替，学用结合的教育模式。在此模式中，学生先参加企业实践，后学校学习，学生进校后一、三、六学期在企业实践和学习，了解企业的生产技术、岗位的技术要求和素质要求，感受企业文化，提高了学生学习目的的适切性。企业参与了人才培养的全过程，从培养方案、教学计划、课堂教学到学习实训等环节企业全程参与，学生具有员工和学生双重身份，具有企业和学校两个教学场所，企业学习和学校学习有机结合。

可见，"工学交替"的人才培养模式既有利于将学校所学的知识及时、有效地运用在企业的工作中，也更能将在工作中遇到的问题引入理论的思考与探索。例如，很多积极探讨并实施了"企业冠名培养、校企互为基地"的工学交替人才培养模式，通过设置"企业冠名班"有针对性地为企业培养人才，将学院作为企业的"技能型人才培养培训基地"，将企业作为学院的"科研、实习、就业基地"，校企双方共同确定人才培养方向，共同设计人才培养方案，共同实施人才培养工作，共同监控人才培养质量，共同解决人才就业问题，初步实现了"培养目标—教学内容—岗位要求"的一体化连接和"招生—实习—就业"的无缝对接，建立了面向全国的毕业生就业基地网络，确保了教学质量和毕业生的就业质量。

一、校企合作工学交替培养人才模式的特征

校企合作工学交替培养模式的概念实质是指学校和企业合作育人的方式，工学交替更进一步指明合作的具体形式。在美国职业协会发表的《合作教育宣言》中，将"合作教育"定义为理论学习和实际工作经历相结合的模式，其目的是使课堂教学更加有效。关于工学交替的概念，目前并没有一个统一的定义。1987年，第五次世界合作会议中对"工学交替"提出以下五个特征，一是人才目标，培养应用人才是工学交替教学的根本目标。二是教学质量，教学质量应保持较高的水平，服务于人才培养。三是教学主体，高等院校和用人单位共同参与人才培养过程，包括教学计划的制订、教学过程的管理等。四是生产工作，学生从事生产活动是教学计划的重要组成部分，并且具备明确的占比，是学生成绩考核的指标之一。四是起止时间，有明确的教学起止时间，符合学校学期。

与传统的以学校为主的教育模式相比，工学交替具体有以下四个方面的特点，一是工学交替是一种合作教育，教育过程是由学校和用人单位合作共同完成的。二是工学交替改变了传统的学生先学理论知识后进行专业实习的教学模式，变为理论学习和操作技能实习交替进行，从而使学用紧密结合。三是在工学交替的学习过程中，学生既是学校的在校学生也是实习企业的员工，具有双重身份。四是在工学交替的教学过程中，充分利用了学校和企业两个教学场所、学校和企业两个教学资源。工学交替作为学校和企业合作教育的一种高等教育模式，在国外已实行多年，我国部分职业院校从20世纪末21世纪初开始进行高等教育工学交替的探索和实践。

二、实行工学交替的必要性

工学交替之所以能被大多数相关专家和教育主管部门认可为我国职业院校的改革和发展的主要方向，在于工学交替对高等教育发展的重大意义。

首先，通过工学交替可以促进学校、学生和用人单位的相互了解。高等教育是直接面向社会职业岗位的一种教育类型，需要学校、学生和企业等用人单位三方合作才能真正完成，这就需要合作的三方首先要真正地相互了解。工学交替的实施则为三方的相互了解提供了很好的途径，在学校寻找合作企业的过程中，校企双方首先可以达到相互的了解，包括双方各自的需求、各自的运行过程、双方能够合作的方式等。在工学交替的实施过程中，和学生之间的了解可以逐渐加深，同时可做到在毕业之前企业等用人单位和学生之间的深入了解，用人单位可以提前发现和储备所需的人才，学生可以提前了解用人单位的需求和工作情况，也有助于寻找适合自己的就业方向。

其次，通过工学交替可以促进学生的充分就业，并减轻学生求学的经济负担。采用工学交替，可以在企业的生产现场对学生进行实景教学，从而使学生在毕业之前就能真正熟悉相关岗位的操作技能，并可通过企业真实工作环境的体验和熏陶，培养学生"吃苦耐劳""团结合作""遵守纪律"等职业素养，这无疑对学生的充分就业具有极大的促进作用。同时，在工学交替过程中，学生顶岗实习单位会为实习学生支付一定的劳动报酬，这可以在一定程度上减轻学生家庭的经济负担，因此我国有些地方已经将工学交替作为教育扶贫的一种手段和方式。

再次，通过工学交替可以较好地满足企业对相关人才的需求。通过和学校进行工学交替的合作办学，企业可以从顶岗实习的学生中及早地发现人才，及早地储备人才。对生产任务间歇性较强的企业还可以将学校作为相关岗位人才的蓄水池，当企业生产任务饱满时，让学生到企业顶岗实习；当企业生产任务较少时，则让学生在学校进行理论知识和文化课的学习，从而大大降低企业的人力成本。

最后，通过工学交替可以极大地促进高等院校的健康发展。通过工学交替，可以使学校更好地了解企业等用人单位的需求，从而使学校能够更好地把握自己的办学方向；通过工学交替可以促进学生的充分就业；通过工学交替可以提高校业院校教师的职业技能素质。这些无疑对高等院校的稳步健康发展具有极大的促进作用。总之，通过实行工学交替的实施可以做到学校、学生和企业单位的多方共赢，这就说明了高等院校实行工学交替的必要性。

三、高等院校实行工学交替培养模式必须解决的主要问题

（一）慎重选择合作企业

对工学交替要想起到好的作用，合作企业的选择无疑是第一步，也是最重要的。笔者认为，合作企业应是合法注册经营的高等规模以上企业，并应满足以下基本条件。所提供的岗位专业对口。合作企业应能为学生提供专业对口的实习岗位，并愿意为实习学生支付较为合理的报酬，而不能只是将学生作为廉价的劳动力；应能提供专业岗位相关的一般设施、专业设备和技能培训人员，以满足学生技能学习的需要；具有较为完善的实习学生管理和考核制度，以对学生进行全面有效的管理；具有一定的实习学生生活实施保障和学习娱乐场所，以保障学生的基本生活和学习需要。

（二）改革人才培养方案的制订和管理

工学交替模式的实施将给学校人才培养方案的制定和管理带来较大的困难，例如，由于学生要有近一半的时间到企业进行顶岗实习，如果仍采用三年的高校学制，如何保证学生的理论和文化课的学习时间，从而防止将工学交替办成培训班。如果协议合作企业是生产任务不连续的企业，企业对实习学生顶岗实习的时间要求就是不确定的和断续的。那么学校的人才培养方案如何能最大限度地满足企业的随时用工需求就是必须要解决的基本问题之一。为了保证学生基本文化课和理论课的学习时间，可以在保留三年学制的情况下减少学生的寒暑假时间，采用这种方法有好处如下。

仍可采用传统的学籍管理和教学班级，管理方便，缺点是不能完全满足生产任务较饱满的企业用工需要，因为生产任务较饱满的企业需要学生顶岗实习的时间可能较长，而寒暑假能提供的补偿时间比较有限。同时学生选择性较小，不能根据自己的实习情况灵活选择自己的学习时间。适当延长学制年限，实行弹性学制，可根据当届学生顶岗实习时间的长短将学制年限延长为四年或五年，此方法的优点是既可以较好地满足企业的用工需求，也可以为不同学生根据自身情况安排实习和学习时间提供一定的灵活性，缺点是学生的学籍管理和教学班级组织工作量较大。为了满足非连续生产企业用工时间上的不确定性，可以采用细化的模块化课程和学分制管理，所谓细化的模块化课程和学分制，是指不仅将应学课程按照技能分成不同的模块并分配相应的学分，而且进一步将每个技能课程模块细分成授课时间较短的课程单元模块并分配相应的学分，课程单元的授课时间可以短到一个月甚至一个周，学生每修完一个单元模块就可拿到相应的学分，在规定的学制年限内累计修完规定的学分则可以正常毕业。显然采用弹性学制下的细化学分制既可以满足企业单位的用工需求，又能保证学生的培养质量，不失为一种较好的教学计划管理方法

（三）制定完备的顶岗实习学生的管理及考核制度

建立顶岗实习学生管理的长效机制，学生在用人单位顶岗实习期间其身份不仅仅是学校的实习学生，同时也是企业的一名员工（因为企业为其支付实习工资），实习学生的双重身份决定了其管理的特殊性，为了保证顶岗实习的顺利进行，学校和企业应成立双方联合的管理机构，以便发现问题时校企双方能及时地沟通并尽快找到有效的解决办法，尤其是工学交替的开始阶段，有专门的校企双方协调机构校企双方既可以共同制定切实可行的实习学生管理的规章制度并严格执行，包括基本的考勤制度、安全操作制度、实习表现的考核制度和奖惩制度等，也可以将学生的实习表现和毕业年限挂钩，为学生的顶岗实习提供一定的压力和动力，促使学生能遵守企业单位的规章制度和相关操作规程，并积极主动地学习相关技能。

（四）加强校本教材的开发建设，适应工学交替的需要

工学交替的实施对学校的授课教材提出了新的要求，要求所用教材须真正地结合实际岗位，理论教材能够充分满足岗位的技能需要，实训教材能够真实体现实际的操作过程。能够满足细分的模块化教学的需要，灵活地按照模块组织教学。教材内容能够根据实际岗位操作工艺的变化不断变化，显然满足以上要求的教材不是全国通用、数年稳定不变的通用教材而只能是根据各自学校

合作企业岗位而变化的校本教材，校本教材的建设将是一个动态的不断改进的过程。

（五）制定相关教师的培训及绩效管理机制

工学交替的实施必将对学校的师资提出新的要求，尤其是要求学校专职教师必须熟悉相关岗位的操作过程和操作步骤，熟悉相关岗位的工艺设备，要求教师能够真正成为"拿起书本能讲课、挽起袖子能干活"的"双师型"教师。这就要求学校一方面要引进企业操作经验丰富的师傅作为学生的技能操作教师，另一方面要送自己学校的专职教师到企业去锻炼和进修，去熟悉相关岗位的操作，要求学校必须要制定相关教师去企业培训的纪律要求、绩效考核制度、奖惩制度和相应的激励机制等管理政策。

由于工学交替的培养模式能够达到学校、学生和企业的多方共赢，必将成为我国高等教育的未来发展方向。工学交替也对学校的办学模式、各种管理思想和措施提出了巨大的挑战，要求学校必须对原有的相关管理模式进行改革。随着广大高等教育教师和相关部门的探索和实践，我国的工学交替模式一定能得到快速的完善和发展，我国的高等教育将会迎来另一个发展的春天。

第六节　复合型人才培养模式

一、复合型人才的基本特征

复合型人才主要是指具备一定的综合特征和复合型特征，并可将学到的专业技能和知识应用于现实生活或社会实践，且能够结合当前的社会生产实际，将相关技能知识理论转变成生产力的人才。所谓的外语复合型人才，则主要是指能够熟练、全面地掌握一门或多门外语或其他学科的实践技能和专业理论知识的综合性人才。该类人才应在外语综合素质、复合技能、智力潜力、专业常识、水平等方面的表现十分优异和突出，尤其应具备运用外语语言可精准描述某专业技能知识的能力。

外语复合型人才要在掌握基本专业理念知识的前提下，具备较强的专业基础和语言表述功底，而这也恰恰是形成综合素质、技术能力，开发个人智能和潜力的前提和基础。与此同时，任何一种语言的产生和发展，都会有与之相适应的背景文化知识和历史渊源，外语也不例外，故在此也要求学生具备渊博的历史、文化、政治、经济等方面的知识，同时要具备良好的个人文化底蕴和综合素养。潜能和智力，在专业知识升华和内化等方面具有较为直接和关键的影响，具体体现在适应力、创造力、竞争力和思维力等几个主要方面，要求学生具备将两个或两个以上学科的知识进行交融的能力，从而逐渐形成综合化的潜力元素。同时掌握两个或者两个以上学科的专业知识和实践技能，并可在此过程中完成思维的自由转换，从而在其他的学科领域中做出较为突出的成就，真正实现"一专多能、通专结合"的目标。人格和思想上要有十分出色和亮眼的表现，并重点关注其思想道德情操、世界观、价值观和人生观是否正确，生理和心理能力是否健康，是否具有奉献拼搏精神和良好的团队协作意识等，只有完全满足上述标准的人才，才可被称为优秀复合型人才。

二、高等院校复合型人才培养分析

各高等院校在培养外语复合型人才的过程中，应注重开阔学生视野，面对各种专业和学科的学生，应制定出具有针对性的人才培养目标，并对当前的教学管理体制加以创新，从而源源不断地为社会输送优秀的外语复合型人才。应用型高等院校外语复合型人才培养应理清人才培养思路和方向，具体可以从以下五个方面入手。

一是立足当前实际的发展问题。在此环节中，应重点关注当前教学过程中，重视外语考试成绩而忽视语言中深层化文化的问题。这里所提到的"文化"并非单指外语语言国家的专属文化，同时包括不同国家之间文化的沟通与交流。故各高等院校在进行外语教学的过程中，同样应重视起该问题，明确文化交流的重要性。具体做法为，在实践教学过程中，教师应引导学生深入、全面地把握语言中所传达出的文化内涵，取其精华去其糟粕；在学习外国语言文化的过程中，还应做到对本国文化的继承与发扬，且不可忘本。

二是注重理论与实践相结合。部分高等院校在开展外语教育活动的过程中，仍存在着教学与实践相背离的问题，导致学生无法将课上学习的知识应用于社会实践中。基于上述问题，很多高等院校应在课程设置中适当增加实践课程，从而为学生搭建社会交流与实践的平台。在教学内容设置上，学校应结合当今社会的实际发展需求，设置出具有针对性的教学内容，目的是让学生学以致用。

三是创新教学手段。由于教学模式和手段的传统单一，常使学生失去学习兴趣，进而也导致其实践能力和外语语言能力薄弱的问题。为此，各高等院校可在今后的教学实践中，强化第一课堂与第二课堂的有效结合，并努力创建出丰富多彩的校园文化。在教学模式改革上，可借助先进的现代化多媒体技术，最大限度地吸引学生的注意力，从而提升其课堂积极性，为复合型人才培养质量的提升提供保障。四是应用实践教学。若想提升外语应用型人才的培养质量，可从课外锻炼入手。从当前实际的发展状况看，各高等院校在教学过程中，虽已开设外语口语课程，但受到学时、班级学生人数等方面因素的限制和影响基本只有教师在讲授，没办法保证学生在课堂上的实践锻炼，这自然而然地会影响到学生的自信和勇气。基于上述问题，外语教学应继续开展小班教学，并且每个小班的学生数量应控制在较少的人数，如 13~15 人左右，从而最大限度地发挥口语课程的开设作用。在此过程中，还应重视学生交流、师生交流与教师评价的相互结合，以此调动学生的课堂积极性。对很多非外语专业的学生而言，其当前实际的外语教学方法和教材亟待改革，当前大多教授的都是一些基础性的内容，如基本的阅读理解、口语交际、单词等，严重抑制和影响了非外语专业学生外语能力和水平的提高，故教学模式改革势在必行。五是强化外语交流。在平时的教学过程中，教师应鼓励学生多看外国电影、听外语歌曲、开口讲外语，从而营造出良好的外语学习氛围和环境。与此同时，教师还可在课下开展与外语相关的实践活动，使学生在活动过程中，学会相互学习，自主学习，学生之间还可交流实践经验，共享外国电影和音乐，并可加强与外国留学生的交流，借此机会了解对象国的语言文化，从而不断丰富自己的知识阅历。另外，教师还可鼓励学生定期参加外语国际竞赛，这些国际性实践活动的开展，更加有利于优秀复合型外语人才的选拔。与此同时，能大幅度提升学生的语言应用能力，提升其学习积极性，对学生自身临场发挥能力、分度气场、独立思考能力、团队协作精神的培养具有十分关键的意义，同时，可有效提升高等院校外语复合型人才的培养质量。

三、复合型人才需求

世界经济一体化已经成为必然趋势，在世界多极化、文化多样化、经济全球化时代背景下，不仅科技领域酝酿着一场变革，产业革命也蓄势待发，国际贸易在合作中存在竞争，而且竞争越来越强。竞争的焦点最终落实在高素质、复合型人才的培养上。商务英语人才需求加剧，基于跨境、跨文化的商务英语人才需求尤为突出，迫切需要高等院校基于经济全球化时代背景，深化校企合作，校企协同，进一步提升高等院校人才培养质量。

世界经济的发展为中国经济发展创造了良好的外部环境，我国经济在快速发展后进入了新常态，亟待实施创新战略激活中国经济。互联网经济的发展，拓展了中国经济发展的新空间，共建"一带一路"出口贸易也逐步凸显经济效应。复合型商务英语人才缺乏成为制约中国经济新常态的一个重要因素，只有不断提升商务英语人才的培养质量，才能为互联网经济、共建"一带一路"等提供人才支撑，使创新战略的实现成为可能，突破新常态人才瓶颈在世界经济与中国经济发展良好的背景下，我国企业海外业务不断拓展。据调查，截至 2017 年底，我国大约有 30 万家跨境企业，复合型人才需求高达 200 万人之多。中国电子商务研究中心对我国企业海外业务进行了调查，其数据表明，企业海外业务发展与复合型人才培养存在密切的关系，尤其是商务英语复合型人才。企业海外业务比例越大，人才需求越强；同样，商务英语复合型人才培养质量越高，对企业海外业务发展推动力越大。

四、复合型人才培养模式

第一，校企协同模式下商务英语人才五位一体化生态构建以产业发展为推力，高等院校商务英语人才培养要树立产业导向意识。根据新时期全球产业发展新特点、中国经济新常态的需求积极推动专业创新，使专业创新紧贴产业发展，满足新时期产业发展多元化对人才的需求，从而提升高等院校商务英语人才培养的针对性与有效性，为产业发展提供人才支撑。校企合作是实现高等院校专业创新与产业发展融合的有效路径，校企合作经过相当一段时期的发展，经实践证明是优化高等院校商务英语人才培养的有效路径。校企协同模式下商务英语人才的五位一体化培养将进一步深化校企合作，针对校企合作存在的突出问题，秉持合作共赢的原则，调动校企双方在校企合作中的主动性与创造性，将校企合作推向一个新的高度，提升高等院校商务英语人才培养层次。课赛融通是提升高等院校商务英语人才培养质量的一项重要改革，通过优化高等院校人才考核机制，以赛代考，赛考结合，将考试与比赛有机融合起来，通过比赛的形式促进高等院校专业建设，促进学生商务英语学习，促进商务英语教学改革等，课赛融通将成为培养复合型商务英语人才的重要抓手之一，也是高等院校商务英语教学改革的重点。众创空间迎合了创新环境下创新创业的新特点、新需求，充分利用社会力量，借助多元化创新示范区、高等院校、科研所等优势力量，发挥政府主导作用，促使各种优势力量进行深入聚合，为创新创造良好的发展空间，为高等院校复合型商务英语人才培养提供了有力的外部保障。

专业创新是校企协同模式下商务英语人才五位一体化生态的核心，它是五位一体化生态体系构建的最终落脚点。在产业发展驱动下，专业创新将立足为产业发展提供专业人才支撑平台，深化商务英语人才培养改革，将焦点直指商务英语学科教学的机制内核，优化商务英语教学内容，丰富教学方法，创新教学模式，全面提升高等院校商务英语人才培养质量。校企协同模式下商务英语人才五位一体化各个要素之间不是孤立的，是关系密切、不可分割的，它们互相支撑、互相促进，形成一个有机的商务英语人才培养生态链。

第二，校企协同模式下商务英语人才五位一体化培养，坚持以产业为导向，将商务英语人才培养与地区产业人才需求结合起来。目前，各地区都基于经济全球化与经济发展新常态，出台了相关推动产业发展的新政策、新机制，打造具有深远影响力的品牌产业，增强外贸产业可持续发展能力。高等院校要加强市场调研，根据地区产业发展长效规划，合理制定商务英语人才培养框架，使商务英语人才培养与地区产业需求有机结合起来，提升商务英语人才培养的前瞻性与可持续性，发挥产业引擎的拉动作用。

在新的经济发展模式下，高等院校商务英语人才培养需要进一步调整人才培养定位，根据市场人才需求，科学定位。高等院校要结合时代经济发展大环境与自身办学条件，制订一套适应产业发展的商务英语人才培养长效规划。首先，要充分审视自身人才培养优势与特色。在长期发展中，高等院校形成了具有自身特色的人才培养模式，积累了丰富的经验高等院校要充分发挥优势，扬长避短，放大优势效应。其次，基于产业发展及时调整人才培养目标。高等院校要加强市场调研，根据大学生毕业情况与市场人才需求，拓展商务英语就业新空间，培养复合型商务英语人才。

校企合作的一个有效路径是校企联合办学，高等院校要借助企业强大的资金优势与资源优势，积极推动校企联合办学，创新商务英语人才培养模式。通过联合办学，开展富有针对性的商务英语课程学习、模拟实践训练、职业资格认证等，进一步提升商务英语课程教学的针对性与有效性；通过真实的模拟实践训练，提升学生实践与应用能力；通过职业资格认证，优化学生素质结构，为学生创造更多的发展空间。

校企合作将进一步推动全面合作，深化项目合作。为了进一步深化校企合作，研发智能手机的 App，基于商务英语开设针对性课程，高等院校要主动承接全国性、国际化活动，在活动中锻炼学生实践应用能力，拓宽学生视野，进一步提升实训基地建设的实效性，为学生创造更多的锻炼机会与发展平台，建立起立体化、无缝化校企合作模式。

第三，校企协同模式下商务英语人才五位一体化培养，将进一步推动学生考评机制改革，颠覆传统的单一化考试制度，尝试以赛代考，通过比赛的形式对商务英语人才的理论与实践素养进行考查。以赛代考评价方式，不仅能够检视学生理论素养，而且能够全面检视学生综合素养。高等院校要引导学生参与国际、国家级、省级、市县级比赛活动，既通过不同级别的比赛拓宽学生视野，也为学生走向社会进行有效的铺垫。在以赛代考中，高等院校要加大比赛成绩在学生考评中的占比，以激发学生参与各类比赛的积极性，使学生能够适应不同档次、不同场景下的应用需求。高等院校要深刻认识到比赛只是一种手段，旨在提升商务英语人才的综合素质。高等院校要进一步提升"比赛"载体运用的前瞻性，坚持课赛融通理念，以赛促教、以赛促学、以赛促研，通过比赛促使教师对商务英语教学进行反思，查找人才培养中存在的不足，及时优化教学举措；促使学生对学习进行反思，包括学习中的得与失，从而进一步提升商务英语学习的针对性与有效性；促进教学科研发展，深化教学研究，推动产学研一体化，充分彰显比赛在商务英语人才培养中的效应。借比赛之点，形成以点带面的商务英语人才培养格局。

第四，校企协同模式下商务英语人才五位一体化培养首先将推动高等院校与高等院校之间的人才培养进行互动。目前，不少高等院校之间由于存在激烈的竞争，校际的人才培养互动动力不足。五位一体化人才培养模式下，高等院校要基于区域发展优势，利用当前大学城的地域优势，提升校际互动的主动性，实现校际师资、教学资源、硬件设施的共享，全面深化校际互动，包括教研互动、活动互动、实践活动等，互相借鉴、互相促进、扬长避短，从而提升高等院校商务英语人才培养水平。目前，无论是国际大环境，还是国内市场环境，都保持健康、良性发展态势，这为高等院校商务英语人才培养创造了良好的外部环境。高等院校除了积极推动校际的人才培养互动，还要主动与市场对接，充分利用国内、国际市场优势，积极寻求相对成熟的合作共育主体，打造品牌示范性实践基地，开辟校内校外对接通道，借助市场优势，提升校内育人服务水平，提供更便捷、更精准、更专业的服务，基于新时期社会主要矛盾的转变优化学生综合素养，将教育影响力转为生产力。

第五，校企协同模式下商务英语人才五位一体化培养需要制定翔实的，可持续的创新人才培养方案。高等院校要基于五位一体化人才培养模式，深入开展市场调研，深入大中小型企业，深入不同行业，准确把握各个行业、不同规模的企业对商务英语人才的需求，以及市场对商务英语人才的素质需求，从而获得第一手方案，形成可行性调查报告。在此基础上，酝酿并制订商务英语创新人才培养方案，并对方案的可行性进行充分的论证，以确保方案的落地，并产生有效的效果。理论教学与实践教学是商务英语教学的有机组成部分。专业协同创新下，高等院校要努力贯通理论与实践课程体系，将理论教学与实践教学有机融合，并结合岗位对商务英语人才素质需求，实现教学目标教学内容的深度融合，以理论指导实践，以实践促进理论消化，发展学生创造力。

第六，社团是高等院校学生自发性组织，它在学生中具有很强的影响力。高等院校要善于借助社团的影响力，建立并完善社团团队孵化机制，以社团为集聚点之一，借用已有的社团组织或开设商务英语专业化社团组织，以项目为抓手，强化学生抱团意识，以团队的形式深入开展学习实践活动、岗位实践活动等，使学生在不同的商务情景中应用英语、体验角色，提升学生商务英语学习的岗位意识、情景意识，提升学生商务英语学习的目的性，为学生走上岗位、胜任岗位奠定基础。

第五章 商务英语人才培养模式实现途径

第一节 加强理论与实践结合，培养跨文化意识

随着全球化的推进，英语已经成为全球通用语言，尤其是在国际商务语境中。各国文化之间的交流与沟通日渐频繁，过去的文化封闭现象已很难再现。因此，如何打破传统学科局限，培养学生的跨文化意识，增强学生与社会的交往，鼓励学生的创业活动，增加学生的实践机会，成为新形势下我们需要考虑的问题。

要想达到这个目标，就需要我们对自身的办学定位进行深入思考。学科是人才培养的载体和平台。在传统的教学理念中，学科发展是各个大学需要考虑的重要方面。然而，高校对学科发展的思考越深，所面临的问题也就越多，因为现代大学教育与传统大学教育相比已发生了很大变化：一方面是精英教育向大众教育的转变，另一方面就是如何培养适应社会需要的人才。就涉外商科大学而言，如何审时度势改革人才培养模式，需要进行深入的思考。

国际贸易额的逐年递增意味着什么？它意味着高校的人才培养目标要随着国际环境的变化及时进行调整，要培养出外语好、精通国际贸易规则的专门人才，要朝培养复合型人才的方向发展。为此，要打破传统的学科界定，走学科

交叉的道路。有学者认为，这既是一个十分现实但又受到最少关注的问题。因为一旦传统的学科得以确立，它就与知识和权力纠缠在一起，学科的分野垄断了话语权。从人文科学的发展来看，交叉学科本身就是对自然科学各种范式的一种挑战。如果不走交叉学科，就很难适应现代需求。现代的语言教学并非走向衰败，相反倒是焕发了活力，因为它成功地融合了国际商务、法学、经济学、政治学、历史学等。复合型课程扩大了学生的知识面，增强了学生的跨学科思维能力，使学生意识到，在当今世界发展中，语言、文化、实践等都是"生存"的重要条件。实际上，跨学科一词中的"跨"其本身就体现了中间性和模糊性。它既有"合"的意思，如"国际"和"交往"也有"分"的意思；它既可以为不同的学科架设桥梁，又可以超越现有学科界限。正因为它存在模糊性，也有学者提出应该使用"超学科""多元学科"和"后设学科"等词取代"跨学科"一词。然而，跨学科之所以受人关注，在于现代学科发展的灵活性和不确定性。一方面，它对传统学科的既得利益提出了挑战；另一方面，它又使人们从传统学科的象牙塔中走出来，转而关注社会现实需求。因为随着经济全球化的不断扩展，传统的大学教育已经向全球靠拢，并对人才培养提出了特殊要求，那就是要具有全球视野和良好的沟通能力。在传统人才培养中，人们十分关注智商和情商，现在人们意识到"文商"正扮演着越来越重要的角色。一个人要想成功，应该具备多方面的才干，包括智商（IQ）、情商（EQ）、文商（CQ）和合理的动因等。

学术界对智商（IQ）和情商（EQ）的关注和研究很多，但对文商（CQ）还比较少。然而，从当今世界的发展趋势来看，重视"文商"已显得相当重要。

文化智商主要由文化体验构成，包括国外就业、国外学习、国外工作和其他国外经历四个方面。

强调"文商"的目的是因为随着经济全球化来临，经济发展已经不再是一个国家的单一行为，而是全球一体化所带来的交叉行为。"全球村"的概念使得传统的国际商务内涵扩大，跨国公司和跨国企业无所不在，各种文化之间的交往日益频繁，这不仅仅是不同语言之间的沟通，更是不同文化观念的交互和理解，这些必然会为传统的大学教育带来新课题。在传统大学教育中，学科划分过细、过于刻板，割裂了语言、文化和国际商务之间的关系，并将它们对立起来。考察国外大学的发展历程可以发现，现代大学的发展非常强调国际化办学，强调学生的跨文化沟通能力和应用能力的培养。

大学教育观念的转变，也是社会发展改变人才培养方式的结果。作为应用型人才的培养，尤其是具备从事国际商务类的跨文化、跨学科能力的人才培养，知识结构和跨文化沟通能力扮演着非常重要的角色，这要求涉外商科院校学生在语言、文化和专业知识上扎实基础，彰显特色。大学创业教育的关键是创业意识，强调的是沟通能力和自主能力。经济全球化带给语言文化的一大影响是英语已成为国际商务活动的通用语言。因此，英语专业的实践能力需要重点强调的是要让学生了解国际商务知识，加强他们在实际商务实践中运用英语进行有效沟通的能力，使他们能够真正胜任国际商务环境的需要。当然，本章涉及的是国际视野中的文化，对本国文化暂不考虑。只有在设计跨文化理念时，才会将这些因素综合考虑。实际上，通过课堂教学不断向学生灌输各种文化理念，同时设法使理论与实际相结合，不断扩大对外交往，通过和国外大学进行学分互认形式，让学生走出国门，到英国、法国、澳大利亚、美国、日本、德国等国家去进行为期一学期、一年甚至更长时间的学习，目的就是为了让学生通过实地体验，掌握他国文化，将课堂上的知识与实际结合起来，并将之运用到跨文化商务分析当中，使学生真正受益，这也是国际上培养学生跨国文化知识的通用办法。根据几年的教学实践和学生的反馈情况可知，我们的跨文化意识传播起到了很大作用，有很多毕业生进入大型跨国企业工作并受到公司较高的评价。

第二节　突出专业特色和优势

商务英语特色专业的发展应通过系统的专业教育和基本训练，增强学生观察和分析问题的能力，培养学生的创新意识、交际能力、责任感和团队精神，培养具有扎实的英语基本功、宽阔的国际视野、专门的国际商务知识与技能，掌握国际经济、管理、贸易、金融和法律基础理论、知识和技能，具备较强的跨文化交际能力与较高的人文素养，能适应经济全球化，在国际商务环境中熟练使用英语从事商务、经贸、管理、金融、外事等工作的应用型商务英语专业人才。使学生在就业后，能够在商务环境中使用英语，对基本商务知识有所了解，了解其他国家商业文化，能够在世界范围内与其他商务人员相互交流，参与各种商务活动。创立新型人才培养模式，使课程建设取得更大突破，课程体系改革得到进一步深化，努力探索商务英语人才培养模式，逐步完善人才培养方案。

商务英语特色专业的战略性发展旨在完善教学软硬件建设，打造出一支政治素质过硬、学科结构合理、年龄层次适宜、热爱教育教学工作的创新型双师型教师队伍，探索出一种以提高教学质量和科研水平为目标、以网络公开课程建设为依托的培养集创新型、复合型、应用型为一体的高素质人才培养新模式，使商务英语专业毕业生能够掌握扎实的基本理论知识和专业技能，具备较强的国际商务沟通能力和业务操作能力，并具有宽阔的国际视野和全球性战略眼光，成为符合当前社会经济发展要求的、能为外贸经济发展做出较大贡献的合格人才。

一、依托各校学科特色和优势设置专业方向

（一）国际贸易

由于目前外贸形势的紧缩，各外贸企业迫切需要具有商务英语知识的高素质外贸人才。应用型本科院校的国际贸易专业应从建设本专业英语特色教学模式入手，对国贸专业的英语教学进行探索，在改革目前教学模式的基础上，培养出适应人才市场需求的专业型人才。

近年来，受国际环境的影响，我国的国际贸易形势不容乐观，不少中小型外贸企业面临着愈加困难的生存环境。在这种背景下，各企业对既熟悉国际贸易规则，又能熟练运用英语进行国际商贸交流和实践的高校毕业生的需求量逐年上升。

应用型本科院校的国际贸易专业应针对用人单位的需求，改革目前的课本研究型教学体系，着重开展国贸专业的英语特色建设，以培养出符合人才市场需求的实用型外贸专业人才。因此，反思目前国际贸易英语专业教学存在的问题和不足，并在此基础上积极探索创新型教学思维模式具有积极的现实意义。

第一，开设新的双语课程。对国贸专业学生而言，将专业基础课程如"国际贸易理论""国际贸易实务"设置为双语课程实有必要。首先，为了促进本

专业学生英语水平的提高，这两门在专业课程中所占比重最大的专业必修课的双语化起到了"排头兵"的作用。其次，这类专业基础双语课程的设立能帮助本专业学生更好地学习与掌握后续的双语课程，如为外贸函电、外贸口语、国际结算、海关实务、商务单证等专业课程学习打下良好基础。

"国际贸易理论""国际贸易实务"这两门课程的双语教学在实施过程中应维持讲授原有的中文教学中的重难点，还要考虑适当增加互动教学。例如，安排学生模拟与演练外贸谈判、业务操作，在谈判和演练的过程中应要求学生统一采取口语对练，并综合学生的口语能力、谈判水平、专业知识掌握程度决定学生的平时成绩。

第二，重视"外贸英语口语"教学。国际贸易专业口语课程同时兼备了英语口语教学和专业知识教学的特点。教师在教授国际贸易流程中的基本术语和专业知识的同时，还要培养学生用英语解决从商务接待到商务谈判整个外贸交易过程中遇到的交流性问题的能力。这就要求在课程的讲授方面，既要保证教师将专业知识和相关常用商贸英语对话内容传授给学生，又要保证有足够的课时安排课堂口语模拟练习，确保学生有能力将学到的外贸口语知识应用到实际对话中去。此外，还应有一定的课堂容量安排相关视频和听力教学，从视觉和听觉上激发学生的学习兴趣，以提高他们掌握贸易口语知识的能力。因此，现有的课时数量明显不能满足教学的要求，教师往往来不及扩充新的内容，学生也只是学到"皮毛"，对其将来从事外贸工作收效甚微。

为确保学生在口语课堂中的学习效率，在增加课时的基础上合理有效地采用小班教学的办法授课是最切实可行的解决现有问题的办法。例如，将学生分成 30 人左右的小班，每次授课时教师都可以将学生安排为一对一的小组，并能在一节课 50 分钟的时间内确保每位学生都参与课堂讨论，并且时间充裕。与大班授课模式相比，小班授课有利于教师更好地提高课堂交流效率，增加学生的参与度。

为了考查学生利用国际贸易专业口语解决问题的能力，在口语课程的考核方式上应考虑有效的改革。例如，可仿照雅思和剑桥商务英语的口语考试环节，在有录音的条件下，采用由教师与学生一对一口语交流，或者由学生两人一组进行口语交流、教师负责引导对话方向的方式进行考核。或者参照上海口译的考试方式，将考核分为两个部分，分别为笔试和口试，学生最后的成绩由这两部分按比例相加所得。

第三，加强对学生考证的引导。由于课时有限，不可能一一设立所有与外贸英语证书相关的课程，因此在国际贸易专业的英语教学实践中，除了以课堂教学作为基本的教学形式，教师还应充分注重扩大英语教学实践范围。例如，开展一些跟国际贸易英语相关的专题讲座、辩论赛、演讲比赛等，为学生提供更多的语言实践机会，培养学生的思维能力、沟通能力及团队协作能力，在传授英语知识的同时，开阔学生的视野，培养学生自主学习的能力和习惯。

第四，国际贸易专业的教师作为教学实践活动的组织者和引导者，除了应具备深厚的国贸专业理论水平，还应同时具有扎实的国贸英语业务水平和能力，并有着一定的国贸英语业务经验。①可以由学院组织，安排国贸专业的教师走进外贸企业，并参与企业的工作，如向客户发盘、报盘等，以提高教师的外贸英语应用能力。②可以规定教授相关课程的教师必须要有相关的专业证书才能上岗。例如，讲授"商务英语"的教师必须参加并通过剑桥商务英语考试且持有剑桥商务英语证书；讲授"国际贸易口语"的教师必须持有口语证书，如江苏省口译证书或者上海口译中级以上证书；负责"海关实务""商务单证""国际贸易实务"的教师则相应持有报关员、单证员或两者之一的证书。

第五，目前的双语或者口语课程的教材存在选择面不广或者内容较为陈旧的问题，因此，部分重点课程应利用学院建设重点课程的契机，组织本专业教师编写最新的适用于应用型本科院校的教材。

具体而言，教材编写者必须有扎实的英语基本功，具有国际贸易从业经验并具有一定的教学经验。教材的选材则要接近未来实际工作场景，以帮助学生毕业后迅速提高自己的业务能力。同时，练习的设计要以培养实用型人才的英语交际能力为出发点，体现英语和实务的融合。

（二）国际金融

国际金融课程在商务英语专业的教学目的不同于经济类专业的教学目的。首先，商务英语是一门应用型的边缘交叉学科，是以英语语言学与应用语言学理论为指导，涉及多门类、跨学科的交叉性综合体，是英语的一种重要功能变体，亦是专门用途英语的一个重要分支。商务英语的教学内容除语言知识外，还涉及文化、经济、贸易、金融、管理和法律等诸多方面。其"交叉性"，在于它只分别涉及上述各种有关学科的部分内容，而并不包括这些学科的全部内容，它只是上述学科部分内容的综合，而不是这些学科全部内容的总和。这种"交叉性"既表明它的独立性，它既是一种新的独立的学科，也表明它的综合性，它与相关门类有多方面的错综和交叉。所以，商务英语的教学重心应是商务方向的英语，而不是商务专业知识本身。改革开放以来，我国的经贸事业得到了巨大发展。外经贸已由过去的单一的对外贸易发展到对外贸易、对外投资、对外经济合作、对外技术合作、对外服务；对外贸易也由原来单一的货物贸易发展成货物贸易、技术贸易和服务贸易，形成了"大经贸"格局。其次，国际金融学的课程性质、教学要求一般可以总结为以下几点：国际金融是一门新兴的综合性经济学科，是世界经济学的一个重要组成部分。国际金融的形成以宏观经济的一定开放程度为前提。国际金融学关注的焦点是内外均衡的相互关系和外汇供求及相对价格——汇率问题；在产出、就业等其他宏观经济目标既定的条件下，国际金融学研究的是外汇市场与国际收支均衡问题。"国际金融"课程的研究对象具有明显的涉外性。通过国际金融课程的学习，使学生理解掌握金融工程的基本概念、基本理论、国际金融的一般原理；掌握远期、期货、期权等外汇业务、国际储备管理、利用外资等主要国际金融业务。本课程理论要求高，实践性较强、较高的外语水平对学好国际金融很重要。随着我国经济的飞速发展，我国对外贸易与国际金融业务与日俱增，虽然经济类专业也开设了国际金融这一专业，但是经济类专业注重专业知识的理解与掌握，注重国际金融业务的实际操作。根据我们的调查与信息反馈，经济类国际金融专业的学生出去后从事国际金融业务操作虽然熟练准确，但是语言表达能力跟不上业务能力，在国际金融业务的商务谈判中，商务英语专业的学生具有明显的优势。所以，商务英语专业的国际金融课程应该更注重的是在实际操作中语言的形式与表达，当然，对专业知识必须要有一个体系构架存在心中，对国际金融业务的专有名词要懂得其含义与语言的表达，教学的目的不在于对业务的实际操作掌握与运用。对这门课程进行了多年的教学，其体会就是商务英语专业学生对于金融业务的运用能力较弱，这与学生本身的素质也有关系，商务英语专业的生源是文科学生，数学基础薄弱。综上所述，笔者认为国际金融这门课程在商务英语专业中的教学目的可以定位为国际金融业务的概念及理论的语言表达形式、实际业务操作的语言表达，而不在于业务的精通与娴熟。最后，教学计划是实现人才培养目标的基本方案，教学计划的制订要反映金融国际化、经济金融化和金融市场化的要求，贯彻"实践、实际、实用"的原则，加强金融行业和学科的前瞻性研究。做到金融理论与金融应用相结合、金融改革与金融发展相结合、宏观金融与微观金融相结合、对内金融与对外开放金融相结合、历史金融与现实金融相结合。突出强调注重素质教育，重视创新能力的培养，强化专业技能训练，加强实践课教学，增强学生的实务操作与动手能力。

随着经济全球化和区域经济一体化步伐的加快，国际经济活动中金融创新的速度也在加快。新的交易品种、新的交易规则不断充实和更新着"国际金融"教材的内容，时代的发展要求这门课程只有紧跟国际经济发展的步伐，才能更好地服务于国际经济活动。然而，到目前为止，国内的教材未能适应时代的这一要求，内容陈旧，一些新的国际金融理论、交易品种和交易规则并没有被充实到教材中。欧美教材的重要特点之一就是更新速度快，能够较好地适应现实的要求。虽然国内也出版了一部分欧美教材的中译本，但在教学中有两个缺陷。其一，这些中译本教材部分内容在翻译后晦涩难懂，未能达到"信""达""雅"的程度，没有真实再现原作者所要表达的含义，增加了学生理解的难度，给教学活动带来了障碍。其二，采用传统教学方法讲授中译本教材，难以培养学生熟练应用英语从事涉外经济活动的能力，学生在社会上的适应能力不强。因此，在国际金融课程的教学中，采用欧美英文版教材，同时应用双语教学是时代的要求。

在教学过程中开设外汇交易模拟、金融衍生工具交易模拟以及黄金买卖交易模拟等金融交易环境。现在市场上有很多相关的软件，教师可以在条件允许的情况下，通过购买这些软件，给学生们提供一个可以模拟操作的平台。例如，随着银行利率的逐步降低，银行客户的理财观念不断发生着变化，外汇买卖作为一种风险较小的投资手段，受到越来越多的关注。另外，在期货市场中进行投机以牟取利润的方法，也是一种新兴的投资途径，在我国正逐渐被越来越多的投资者所采用。正是在这种市场需求下，市场上存在很多完全涵盖了实际运行的期货、外汇交易系统功能的软件，如智盛系统等，如果学校有条件买回这样的软件，那么学生就可以通过对这些软件的操作，加深对理论的理解，提高实践能力、业务技能，以培养适应社会竞争的综合素质。商务英语专业的学生素质体现为：经济知识缺乏，数学基础较薄。教师在教授课程的时候应该结合当前实际的经济形势，增强学生的理解力。

（三）国际经济法

国际经济法是随着各国之间贸易和经济往来日益增长以及国家对贸易与经济活动的干预日益加强而形成和发展的。早在中世纪末期，欧洲主要商业城市就有一些关于国际商业交易的规则。

商务英语（国际经济法）专业所开设的课程主要分为三大块：英语、商务和法律。

以学习英语技能为主的课程有综合商务英语、高级英语、法律英语、英语听说、英语写作、笔译、口译等。通过这些课程的学习和专四、专八的考试，学生不但可以拥有较高的英语听说读写能力，还掌握了一定的笔译和口译技能，当然也包括法律文本翻译和法庭口译等技能。

通过四年的英语学习，学生可以在毕业后胜任外企、外贸、外事等涉外工作。英语的提高需要平时学习的积累，其中，法律英语的学习难度较大。另外，英语专业的学生都要求选修一门第二外语。

以学习商务知识为主的课程有当代商业概论、经济学原理、国际贸易实务、会计学原理、国际金融等。这些科目全部都是以英语教学，让学生可以了解公司的类型和特点、宏观经济的特征、外贸的类别等商业知识。另外，还可以根据兴趣选修一些关于管理、会计和金融的课程，扩宽自己的视野，增长自己的商务知识，以更好地熟悉公司的运营。

以学习法律知识为主的课程有法理学、民法、商法、民事诉讼法、国际法（英）、国际经济法（英）等。这些科目有些是用中文授课的，主要是了解中国法律的基本知识和诉讼程序；有些是用英文授课的，主要是了解国际法、国际条约等方面的知识。

（四）国际会计

会计是一门重要的商业语言。在经济全球化不断深入发展的背景下，会计更是一门重要的国际商业语言。具有国际化视野和能力的会计人才队伍的发展壮大对促进国际商业交流与合作，对帮助我国更好地融入世界市场体系，发挥着越来越重要的作用，这也对我国会计专业人才培养机制和专业设置提出了更高的要求。但目前我国大部分高校在会计人才培养及专业设置方面对学生英语沟通表达能力及国际业务处理能力培养方面的重视程度远远不够。商务英语是立足商务、服务于商务的专业英语。在会计专业教学中增设商务英语课程，对会计专业学生来说，强化他们在商务英语知识方面的系统学习，无论对其国际化视野的开拓还是英语沟通表达能力及国际业务处理能力的提高都具有重要的意义。

高校会计学专业的培养机制及专业设置必须适应时代发展的最新要求。如果会计学专业人才的培养不能很好地适应经济和社会发展需求，就会产生一系列的负面影响。这不仅会造成学生专业知识与岗位需求脱节，增加学生的就业压力，也会增加用人单位的搜索成本和培训成本。从一定程度上来说，这也会阻碍我国国际商业交流合作以及我国经济竞争能力的提高。所以，如何培养能够更好地适应现时及未来社会需要的合格人才，是高校在会计专业教育中应该思考的问题。鉴于商务英语自身特点及现实应用效果，在会计专业教学中增设商务英语课程不失为一种有益的尝试。

学校应该努力培养学生的跨文化交际意识和国际化视野，寻找机会与国外大学合作办学，借鉴国外多媒体教学软件系统。商务活动实践涉及的范围很广，学生除了需要系统学习经济学、管理学等知识，还要注重专业知识、语言及其他相关学科知识的学习，如经济、历史、文化、传统风俗等。在经典商科课程的学习过程中，鉴于很多课程的基本理论框架大都来自国外先进的理论研究和商务实践，因此在具体教学活动的安排中，教师要注意尝试从不同国家人的行为特征、文化背景、企业发展的特殊环境及规律等方面，有针对性地帮助学生了解文化对商务活动的影响。同时，考虑到在商务文化意识中，即使是再小的冲突也有可能导致较大的商务活动失败，而商务文化意识也是商务英语谈判中非常重要的构成元素，因此，学校要帮助学生首先从学习他国的政治、经济、文化背景、历史、风俗习惯乃至宗教习俗等入手，以更好地理解和把握商务文化意识，如银行业里，伊斯兰银行的运行体系就跟传统银行业泾渭分明。如果不能知晓和掌握其精髓和禁忌，就有可能在具体工作中造成错误，为企业带来巨大损失。

如果高校能因地制宜，找到商务英语与会计专业教学的契合点，运用科学的教育方法和先进的教学理念，就可以为会计专业毕业生奠定扎实的商务、礼仪、谈判、语言等方面基础。如果能将会计学专业的人才培养目标定位在培养适应社会需求的应用型商务人才，在生源和师资等条件许可的情况下实施全英文授课，辅以精良的教学过程监督和管理，高校就能够在有限的资源内最大限度地提高商务英语教学的实效，从而培养出更多社会适应能力强、基础扎实、外语运用自如和跨文化商务交际能力强的高素质复合型会计专业国际化人才。

（五）国际营销

国际市场营销（国际营销）指企业在两个以上的国家所从事的经营或销售活动。国际营销的目标及其达到目标的手段与国内营销一样，都是通过满足顾客需求来实现企业利润的。国内市场营销只面对国内不可控的环境因素，市场营销组合策略相对简单些、容易些。国际营销活动受双重环境，尤其是各国环境的影响，使营销组合策略复杂得多，难度也大得多。同样是追求利润，国际营销者首先要根据市场调研确定市场需求，然后制定出适当的产品、价格、渠道和促销策略。然而，国际营销的过程比国内营销更加复杂。国际营销人员肯定会遇到与国内环境差异明显、截然不同的国外环境。这些差异可能包括消费偏好、经济发展及消费水平、市场消费结构、目标群体、经商方式、消费观念、域外法规等许多其他因素。其中的任何一个因素都有可能使一个公司的国际营销方式，在国外市场失效而达不到预期目标或者违反国外市场的当地法律。

国际市场容量大、竞争激烈。国际市场上形成了以跨国公司为主体，经营代表各国优势的产品，竞争远比国内市场激烈。经营环境复杂多变，交易对象多种多样，各国标准、度量衡制度、货币制度、贸易法规、海关制度及商业习惯各不相同，非常复杂。风险大，国际营销在政治风险、运输风险、商品交易风险、价格风险及汇兑风险等方面都比国内营销要高。国际市场地域广阔，由于各国条件千差万别，因此，在国际市场上收集信息、经营决策和项目实施都比较困难。国际营销具有多国性，所谓"多国性"是指国际营销的资源要在两个或两个以上的国家进行配置。这首先要求国际营销者学会对多国市场活动进行调控的技巧，以谋求多国性的最优营销效益。

我们需要关注国际营销的特点和发展趋势，同时商务英语作为一种基本工具是国际营销的重要手段，不但是产品走向国际的窗口和工具，而且由于文化和区域的差异，对商务英语专业学生的培养提出了更高的要求。商务英语在国际贸易中的重要性不言而喻，在国际营销中也体现出了必不可少的地位，如在交流沟通、企业文化传播、产品宣传、商务谈判、产品营销等一些国际营销关键环节，商务英语的作用无处不在。建议从国际市场营销课堂内外通过进行职业倾向性培养来提高学生国际营销职业能力。

二、课程中嵌入职业资格证书核心课程

(一) 国际贸易师资格证书

国际贸易师是指掌握国际贸易基本理论，具有较强国际贸易实际能力，从事进出口业务与管理工作的高级技术应用型专门人才。从事的主要工作包括国际贸易业务与管理能力。

其核心课程包括西方经济学、国际贸易、国际贸易实务、国际金融、国际商法、外贸函电、国际市场营销学、市场调查与预测、电子商务概论、外贸谈判技巧等。设置的专业方向包括工业外贸、农业外贸。就业领域，是外贸企业的经营与管理岗位。

（二）注册国际投资分析师资格证书

国际投资分析师协会是由欧洲金融分析师联合会、亚洲证券分析师联合会，以及欧洲、亚洲和拉丁美洲等近 30 个国家和地区的投资分析师协会联合成立的国际性专业机构，在国际上具有很大的影响。自 CIIA 考试正式推出以来，迄今为止，已经有 3000 多名专业人士获得 CIIA 资格。

伴随着金融全球化的进程，以及我国金融市场的发展创新，利用多市场、多品种、多策略的综合投资和管理将成为未来资产管理、财富管理、风险管理、结构化产品设计的重要发展模式，为适应政府、各类金融机构以及各类企事业单位对证券投资、资产管理、风险管理的高层次人才迅速增长的需求，开设注册国际投资分析师 CIIA 方向课程班，注册国际投资分析师（CIIA）是全球投资分析领域最具国际影响力的专业资格之一，也是截至今天我国证券从业人员的最高等级认证考试，本课程将 CIIA 认证考试的六门课程作为核心课程，系统学习注册国际投资分析师的知识体系，内容涵盖了经济学、财务、会计、资产定价、金融衍生品、投资组合等金融与投资领域的各个方面，在掌握投资专业知识的同时，达到考取 CIIA 认证要求的水平。

（三）国际会计师资格证书

目前已进入中国的国外认证的会计师资格证书有六种：ACCA（英国特许公认会计师认证）、AIA（国际会计师专业资格证书）、CGA（加拿大注册会计师）、CMA（美国管理会计师考试）、CTA（澳大利亚公证会计师考试）和 IFM（国际财务管理师）。每张证书对应的国家和教学、考试内容都有一定区别，用来适应不同国家的会计制度。

ACCA 在国内称为国际注册会计师，实际上是特许公认会计师公会的缩写，它是英国具有特许头衔的 4 家注册会计师协会之一，也是当今最知名的国际性会计师组织之一。ACCA 资格被认为是国际财会界的通行证。许多国家立法许可 ACCA 会员从事审计、投资顾问和破产执行工作。ACCA 在欧洲会计专家协会（FEE）、亚太会计师联合会（CAPA）和加勒比特许会计师协会（ICAC）等会计组织中起着非常重要的作用。

第三节　商务课程合理配置

一、商务英语课程的三大模块

由于我国高等院校的学生几乎全部都从高中升上来的，因此，大学商务英语教学面对的是没有工作经历的学生，这些学生并不清楚应该重点掌握商务英语的哪些内容。这就要求商务英语的教学工作者根据就业方向和环境为他们设定商务英语学习的重点。一般情况下，商务英语课程的设置，可根据商务英语教学的三个内容分为三大模块：

（一）基础语言技能

代表课程有英语听力、商务英语口语、英语公共演讲课程等。课程目标是培养学生听、说、读、写、译等基本语言技能，使学生掌握较强的语言沟通能力。

（二）商务知识

代表课程有商务英语写作、商务英语翻译、外贸函电课程等。课程目标是使学生了解基本的商务知识，为将来从事与商业活动相关的工作打下坚实的基础。

（三）文化知识

代表课程有英语国家概况、商务交际英语、商务英语礼仪课程等。课程目标是向学生介绍有关跨文化交际、英美等国经济状况等知识，增加学生的文化知识。

二、商务英语的主要公共课

（一）经济数学

该课程的设置主要目的是为国际金融等专业课程打下良好的基础，使得本专业学生在顺利完成后续课程的同时提高逻辑思维能力。

（二）大学英语

该课程的设置主要目的是为专业英语打下良好的基础，使得本专业毕业生具备借助工具书阅读与专业英语相关的资料的能力和一定的表达能力。

（三）大学语文

该课程的设置主要目的是为本专业学生打下良好的语言基础，具备良好的语文听说读写的能力和对文学的分析能力，使学生具有良好的文化修养和人文精神。

（四）计算机应用基础

该课程的设置主要目的是为使本专业学生掌握计算机基本操作，熟悉处理文书工作中常用的各种办公软件，使得本专业毕业生在工作和学习中可以比较熟练地使用计算机这一工具为之服务。

三、商务英语的职业基础课

（一）国际贸易实务

该课程主要涉及实务的基本知识，其中包括进出口业务常识，如价格术语、商品描述、国际货物运输、保险、进出口商品的价格、货款支付、索赔、仲裁、进出口操作程序和单证等。国际贸易实务这门课，主要是让学生了解处理进出口贸易中必备的基本知识，使得学生在学习外贸英语函电等课程中，得心应手。

（二）市场营销

该课程主要使学生树立正确的营销理念，在以后的商务活动中能运用市场营销的基本策略。本课程让学生了解市场营销系统、营销环境对企业营销活动的影响，掌握市场营销、市场细分、市场定位、产品生命周期等基本常识，熟悉目标市场营销、营销组合和各项具体策略综合运用的基本方法。

（三）国际商法

通过对本门课程的学习，使学生在掌握基本的法律常识的同时，进一步了解国际商法如何运用，以及它们在经济中所起的作用和法律的重要性，为以后的就业培养良好的专业意识。所谓国际商法，是指调整国际商事关系和国际商事组织的法律关系的总称，包括多种法律法规，如国际贸易法、公司法、联合国国际货物买卖合同公约等与国际商事贸易有关的国际法律，是商务英语专业学生必须学习的课程之一。

（四）商务英语基础

商务英语基础课程着重于培养学生在各种商务活动及日常业务中英语语言

的应用能力，课程内容多与商务活动紧密相连，用于培养学生在一般商务活动及公务活动中运用英语进行听、说、读、写的能力，是一门专业核心基础课程。本课程使学生比较熟练掌握商务活动中的常用英语，通过商务信息阅读，掌握一般英语语法知识和商务活动相关词汇。学习一般商务知识，了解常用商务英语文件格式及写作方法（如通知、广告、图表、产品介绍、报刊文章等）。

四、商务英语的职业技术主干课

（一）商务英语视听说

本课程通过系统、深入的视听说训练，全面提高学生的听说能力，进一步熟悉学生记笔记的技能。针对学生在英语听力学习中难点、重点进行反复训练，使学生听懂难度更大的听力材料，理解中心大意，抓住主要论点或情节。学生学习本课程后应掌握常用英语的新闻词汇，对教材中各类题材出现的常用词汇和典型词句比较熟悉，同时要掌握常用的各种听力技能和策略。

（二）商务英语口语

本课程要求加强培养及训练学生语言知识的转换能力。使学生通过读、听获得知识、信息和语言，经过思维，在原有知识及语言的基础上对所获得的内容和语言加工和重组，赋予新的内容，然后输出，从而完成交际的全过程。本课程着重培养学生对语言的综合运用能力，其中包括表达模式（通过简短的对话展示语言功能的不同表达方式）、口语技能训练（通过大量的口语技能训练和语言实践活动，巩固和扩展所学语言功能的常用句型，强化交际技能）、话题讨论（通过对不同话题的讨论加深对英、美等主要英语国家文化背景和生活习俗的了解，学会在具体语境中进行正确得体的交际）。

(三) 商务英语阅读

本课程是培养学生掌握阅读和理解商务英语文章的基本技能，获取商务信息的基本能力。为进一步学习后续的商务英语课程，毕业后成为适应社会需要的应用型涉外商务工作者打下坚实的基础，通过学习有关的商务活动的实用语言材料，学生应熟悉主要的商务英语文章类型，提高阅读商务文章的能力。通过学习，学生应进一步提高基本的听、说、读、写、译的能力。

(四) 商务单证

本课程根据单证工作技术性、政策性和操作规范性都很强的特点，对进出口贸易操作中各项单证的种类、作用、内容缮制方法及缮制中应注意的问题加以详细介绍和说明，同时介绍制作各类外贸单证的相关知识及有关国际贸易惯例。通过对本课程的学习学生要掌握对外贸易单证的操作流程，以及各种外贸单证的制作方法及制单技巧，并能够独立制作和审核各种外贸单证。

(五) 商务谈判

该课程系统地介绍了国际商务谈判中应注意的重要问题，如制定目标、配备人员和确定策略等。学生通过对本课程的学习，可以掌握涉外谈判的具体内容：货物买卖谈判、投资谈判和技术贸易谈判，分别代表有形贸易谈判、融资谈判和无形贸易谈判。

(六) 商务翻译

本课程通过实践和理论教学相结合的办法，使学生了解商务翻译的标准、方法和技巧等问题。同时通过对多种翻译材料（商务信函、经贸研讨会及大会发言等常见口语材料）的分析和实践训练，使学生基本掌握翻译技巧的灵活应用和对商务材料处理。

（七）外贸英语函电

本课程是商务英语专业学生的主干专业英语课程。本课程旨在培养学生掌握外贸英语函电的基本知识，并熟练地加以运用，是经贸英语专业学生必须具备的技能。外贸函电英语的主要任务是培养学生在走上工作岗位后能够迅速适应对外经贸业务活动的需要，帮助他们系统地学习和掌握外贸英语函电的格式、专业词汇、行文方法与文体特点，提高学生在外贸业务活动中正确地使用英语的能力，以及对外进行各项业务联系和通信活动的能力。

（八）跨文化交际

该课程的目的在于通过不同文化差异的比较研究，提高学生对文化差异的敏感，提高不同文化语境语言交际的能力，从而更好地适应不同文化环境。学生通过该课程的学习，应该对各类交际形式有所认识；对对象国文化有更进一步的了解，更有效地进行交流；解释手势和其他形式的体态语；讨论有关文化适应和相容。

第四节 建设课程群

体验教学应该是学生对知识认知、积累和加工，并通过体验与反省与自己的人生经验融合的过程。

体验式学习的主要特征包含：主动性、探索性、刺激和实用性。这是一个知识的外化到内化的过程，学生的认知是建立在经验识解的基础和模式上的，所以体验是其学习知识的最有利的途径。

商务英语专业教学中商务技能模块和语言知识模块具有很大的交叉性，因此，大量的模拟场景练习都按照实际发生地点选择以英语为主的表达或沟通工具，在进行商务技巧训练的同时，要关注英语语言知识的教授和运用能力的训练。这样把重点放在商务技巧方面的同时，也能提高学生的实际动手能力、创新能力及团结合作精神等，这能够解决教学目标和学习目标的统一问题，使学生了解商务英语教学的知识体系及其在整个知识链条中的作用，实现学生的主动参与和"全程"学习。

学生知识的学习要符合人们经验的规律，人们对新知识的学习都建立在其经验的构建模式中。在第一年仅仅设立认识实习帮助学生体验商务世界，并且与商务英语基础理论课相配合，由浅入深，符合学生的认知过程；第二年增加商务理论课程的数目，提高学生理论上的了解和知识积累，并映射在实践课程中的职业生涯规划上，帮助学生了解自己，对其未来有更明确的展望；第三年无论是商务理论课程还是商务实践课程，对其动手操作的能力都有了更高的要求；第四年商务课程的设置都更接近于总结性质，为增强学生的就业能力和竞争力而服务。

一、语言知识与技能课程

（一）高级商务英语

本课程的教学目的是培养学生掌握扎实的英语语言基础知识，掌握基本的商务知识、商务沟通、商务谈判技巧以及在商务情景下的外贸、金融、财务等相关词汇、知识，并能够在商务场景中使用英语语言知识和商务知识、技巧，服务国际商务事宜，成为适应社会需要的应用型涉外商务工作者。

（二）商务口译

该课程的主要任务是通过实施情境工作任务教学，使学生熟悉商务背景知识和商务礼仪，具有各种商务活动的口译技能，以及应对商务口译困境的实际能力。从而培养具有通晓商务背景知识、熟悉商务活动流程、善于跨文化交际、掌握一定口译技巧的复合型、应用型人才，能基本适应商务口译工作的需求。

基本技巧的综合运用：口译分连续口译和同声口译。商务口译绝大部分是连续口译。这是双边会谈的最常用的一种翻译方法。口译中我们会运用类似笔译那样的手段，如直译、意译、繁译、简译、句译、段译、节译、摘译、省译、删译、复译、补译等。译员在具体口译活动中要善于综合运用各种手段。在这一点上，商务口译与普通口译是相通的。

商务知识的全面熟悉：口译是一门专业要求很高的职业，虽然粗通两国语言的人也可以做一些简单的口译工作，但是他们却无法承担正式的口译任务。要成为一名优秀的译员，不仅必须有扎实的两种语言功底，了解两种语言背后的文化，更需要有商务领域的专业知识。

笔记信息的科学利用：笔记不是听写，也不是速记，更不是诉状记录。笔记是听、理解、抓住信息意义后进行表达的辅助工具。口译一旦完成，笔记就失去其作用。交传笔记具有个性化、暂存性质。笔记虽然是记忆内容的载体，但不是信息的文字化。笔记的作用在于，在记录时帮助译员集中精力、在使用笔记时为其做提示。在商务口译活动中，首先主张大脑记忆，这是因为人脑在高度紧张的状态下记忆功能会受到影响。记忆是人的一个综合性心理活动，可以有瞬时记忆、短时记忆、长时记忆等。瞬时记忆的时间非常短，一般不超过两秒钟。短时记忆的时间也长不了多少，一般为一分钟，并且容量很小，负荷有限。口译工作者在记忆不够用的情况下，应及时求助于笔记，帮助大脑储存信息并在翻译中得以回忆和再认。

（三）金融英语

本课程目的是让学生在掌握本专业知识及具有一定英语知识的基础上，通过本课程的学习，提高学生对金融英语的读写听说能力。课程以英语为基础语言，教学内容涵盖了金融、会计、投资、保险等财经系统各类专业知识的基本内容，培养学生的金融专业英语语言能力和实际运用英语处理与金融有关业务的能力。金融英语不仅具有其独特的专业词语、常用句式和文体风格，而且具有金融行业的内在知识体系，具有融思想性、知识性、技术性于一体的特征。

（四）法律英语

本课程以英美法律为教学核心内容，包括英语法律术语、英美法系与大陆法系的比较、英美律师职业介绍、英美主要部门法、WTO 法律文件选读、国际经贸法律、法学研究技巧与资源的运用。在教学过程中着重扩大学生的专业词汇量，提高学生的英语阅读理解水平。

学生通过本课程的学习，从原汁原味的法律英语角度去了解、体会英美法的基本法律制度、法律职业和法律教育背景、司法系统构成及其常用而重要的各部门法知识，涵盖宪法、行政法、刑法、合同法、侵权法、财产法、公司法、保险法、商法、税法、环境保护法、家庭法、知识产权法、WTO、民诉法、刑诉讼法等学科领域，积累法律英语词汇并了解其特点和词源、辨其异同，掌握法律英语的常用基本句型，学会阅读英美案例，为其今后从事法律翻译（英汉互译）和常用的法律文书的英文撰写奠定基础。

二、商务知识与技能课程群

（一）工商导论

本课程作为商务英语专业的一门概论型基础课程，全面、系统、概要地介绍了国际经贸理论和知识。课程简洁、系统地向学生介绍商务活动的整体过程，各职能部门的工作性质和内容，以及各学科和课程之间的相互联系，使学生初步理解如何有效建立、管理和运营一个现代企业，从而在把握总体商务活动的前提下，认识自身专业的地位和作用。

（二）国际贸易

本课程的教学目的在于使学生不仅掌握国际贸易理论、政策、法律知识、国际贸易惯例知识，而且必须具有较丰富的国际商务知识和分析处理外贸业务问题的能力。通过学习本门课程，使学生掌握从事国际贸易的基本原理、基本知识和基本技能与方法，能以英语为工具开展外经贸业务，将来成为适应社会需要的既能熟练掌握外语又能从事对外经贸工作的复合型人才。

（三）国际金融

通过本课程的教学使学生在熟练掌握国际金融的基本理论、基础知识和主要内容架构的基础之上，着重搞清楚内外经济均衡之间的内在联系和外部失衡与调解的自发与政策调节机制；在对国际金融板块结构有一个清晰把握的基础之上，以外部失衡与调节为线索，将影响内外经济均衡的各宏观经济变量（包括价格、利率、汇率、收入、吸收等杠杆变量和财政、货币、贸易、汇率制度、投资资本管制和国际储备、国际合作等政策变量）融会贯通；在熟练掌握本门课程基本理论、基本知识和基本技能的基础之上，及时了解国际国内涉外金融发展的现状、研究的热点与难点，培养学生理论联系实际的兴趣和能力，掌握观察和分析现代涉外金融问题的正确方法。

三、跨文化交际课程群

（一）国际商务谈判

国际商务谈判课程是一门专业必修课程，是一门理论和实践密切结合的应用性学科，主要介绍商务谈判的有关知识、技巧和方法，具有知识面广、法律性强、实践性强、系统性强的特点，是国际贸易实务专业的一门必修课。学生通过本课程的学习，要求学生掌握有关商务谈判内容和方法的基本知识，懂得商务谈判的有关法律规定，基本掌握商务谈判的程序及技巧，掌握商务谈判的策略及有关技能，平衡处理谈判过程中遇到的错综复杂的风险、策略、利益关系，为其今后从事商务谈判工作打下良好的基础。

（二）英语演讲

英语演讲课程向学生传授英语演讲的基本知识和演讲稿撰写技巧，学生通过对著名经典演讲词的学习鉴赏，了解英语演讲的目的、功能和修辞手段，通过对现代名人演讲词的赏析，了解当代演讲词的结构、风格和修辞特征；通过学习赏析和演讲实践，提高学生撰写演讲稿和进行即兴演讲的能力。目的是让学生了解英语演讲技巧及其发展的历史；从理论上与实践上提高学生在公共场合的英语演讲能力,使他们能够富有逻辑地、有说服力地、艺术性地、策略性地、感人地、幽默地、流利地表达自己的观点,成功地说服听众;学会演讲稿的写作方法;学会利用现代技术进行演讲;通过分析中外名家的演讲,让学生了解演讲中的中西文化差异。

(三)商务沟通

本课程旨在帮助学生掌握商务沟通的基本知识和原理,并能够将所学到的基本知识和原理在实践中融会贯通地加以运用,特别是帮助学生掌握和运用基本的沟通技能,成为一个出色的沟通者。学生们通过本课程的学习,能够在工作中熟练运用各种沟通方法和沟通工具,进行有效的沟通。

国际商务礼仪主要面向我校国际商务专业或者相关专业的高年级本科学生。课程内容以国际商务活动为线索,涉及国际商务活动各个环节中相关的礼仪规范,向学生介绍国际商务活动中各个环节及不同场景所应该遵守的礼仪规范,让学生掌握国际商务活动的交际技能和技巧。

(五)国际商务文化

本课程的目的是提高学生跨文化交流中的交际能力,教学从文化和商业两方面充实学生的知识以及交际能力。学生通过学习课程后,在建立商务关系时必须懂得文化差异,在语言学习的同时了解国际文化,同时提升学生文化素质。从国际商务活动的角度,了解在国际商务交往中,积极消除因文化差异可能产生的种种误会或挫折。

四、人文素养课程群

（一）西方文化概论

全面了解西方文化传统及其演进历程，了解西方文化的历史、现状和特征，增强学生对西方历史文化的认识。在了解西方文化发展的内在逻辑与精神轨迹，并在此基础上，进一步了解中国文化的特性和世界文化的发展情况，增强学生对中国文化的热爱之情，提高学生的文化素质和综合素质。

（二）英语电影赏析

英语电影赏析旨在培养学生审美情趣，开阔学生视野，提高学生的文化艺术修养，并进一步促进英语的听说能力。课程的目的就是通过欣赏近几年来流行较广的经典影视作品，以及展开对这些影视作品的评论，让学生了解英语电影艺术发展史，提高学生英语学习兴趣及对影视作品的鉴赏和分析能力，增强学生欣赏英美原版电影的能力和水平，加深他们对英美文化社会的了解，提高他们在真实语境中的听说能力和交际能力，丰富精神文化生活和拓宽视野。

第五节　师资队伍建设

目前，学术界普遍认为商务英语应属于应用语言学的研究范围。此观点是以语言学与应用语言学理论为指导，涉及多门类、跨学科的交叉性学科。商务英语是英语的一种重要社会功能变体，是专门用途英语（ESP）的一个重要分支，也是目前专门用途英语中运用最广、发展最迅速的领域。

从事商务英语教学的教师应具备一定的能力和素质。教师素质是指教师在教育教学活动中表现出来的，决定教学效果、对学生身心发展有直接而显著影响的心理品质的总和。商务英语的特殊性决定从事商务英语教学的教师要具备以下专业素质：在教学层面，商务英语教师应当有扎实的英语语言功底、商务专业理论基础和一定的行业背景知识，能运用现代教学技术进行教学。根据商务英语专业课程特点，从"实用性""交际性"出发，针对不同课型，采用多元与多样化的教学模式，注重启发式教学，倡导探究式的学习方式，把行动导向法融入课堂教学之中，激发学生的学习兴趣和创新思维，挖掘其内在潜力，锻炼他们分析与解决问题的能力，培养他们独立思考、积极探索、善于合作的能力。在教改和科研层面，教师要以培养学生职业技能为主线，构建有特色的课程体系和教学内容；应积极探索教育教学规律，进行教学改革；要有较高的专业学术水平和科研能力。在实践指导层面，商务英语的培养目标要求教师具有比较全面的综合素质，教师既能从事理论教学，又能胜任与专业相关的实习、就业的组织与指导工作，还可以指导学生参加相关行业或技能的职业资格证书考试等。

一、商务英语教学对教师能力的要求

商务英语教学的特点是既包括普通英语的内容，又包含商务知识的特定内容。与普通英语相同的是掌握商务英语必须具备听、说、读、写、译的基本能力。不同的是商务英语还涉及相当广泛的专业词汇和知识，如贸易知识、金融知识、财务知识、会计知识、法律知识、管理知识等。同时，高等院校是培养能够以英语为工作语言，参与和从事国际商务活动的应用型人才。因此，从事高等商务英语教学的教师至少应具备以下几个方面能力。

（一）教学能力

商务英语教师应当有扎实的英语功底、商务专业理论基础和一定的行业知识背景，能运用现代教学技术进行教学，具备系统的教学设计能力、较好的教学管理能力和监控能力，善于调动学生的学习热情，善于协调师生关系。

（二）教改科研能力

教师要以培养学生的职业技能为主线构建有特色的课程体系和教学内容；要有积极探索高等教育教学规律，进行教学改革的能力；要有较高的专业学术水平，撰写专业论文和相应的科研课题研究能力。

（三）实践指导能力

商务英语人才的培养模式要求教师具有全面的综合素质，要求教师既能从事理论教学，又能胜任与专业相关的实训、实习、就业的组织与指导工作，还要指导学生参加相关行业或技能的职业资格证书考试等。

教师要具有丰富的行业背景知识和一定的专业实践经验，以英语向学生介绍和讲授相关行业的产品信息、营销策略、社交礼仪、谈判技巧等商务知识，指导学生的实践活动。

二、目前我国从事商务英语教学工作教师的现状及存在的问题

由于我国高校连年扩招，商务英语专业的入学学生人数增加，加之商务英语开课门类多，商务英语教师的质和量都存在严重不足。

总之，商务英语教师与其他专业课教师相比较，存在着以下问题：①学历水平普遍不高。讲授商务英语课程的教师硕士以上学位偏少，实力较强的学校

硕士学位教师不超过40%，且基本是近两年刚刚毕业从事教学工作。②职称结构未形成合理的梯队。由于该课程教师多为近几年刚刚参加教学工作的硕士或本科毕业生，大部分是初级职称，中级及以上职称的很少，这就意味着很多教师缺乏理论和实践教学经验，更缺乏专业知识的积累，这样就形成了少数几个高级职称教师带领一大批年轻教师支撑教学的局面，许多业务活动无法开展。

三、加强师资培训，提高商务英语教师的专业素质

加强师资队伍建设，以提高商务英语教学质量，为经济快速发展提供具有商务英语知识和技能的应用型人才，是当前亟待解决的问题。至少应从以下几个方面加强商务英语师资队伍的建设。

（一）实行校本培训，提高教师业务素质

校本培训从本校的实际出发，在教育方面专家的指导下，由学校自主发起、组织的校内培训以提高教师教学和科研能力。具体的培训方式可以分为两种：一是长期连续性。校本培训以教师任职的学校为受训场所，可进行比较持续而长久的培训。二是实践性。校本培训的前提是教师没有脱离工作岗位，将培训工作与教学工作紧密联系，能及时地学以致用。三是灵活性。能根据实际条件灵活机动地安排活动时间、活动内容，并能针对学校的自身特点和每位教师的个体特点加以安排。四是经济性。校本培训免除了教师脱产培训的差旅费、学习费，减轻了教师和学校的负担。在贫困地区教育经费紧张、教师收入不高的情况下，尤其具有现实意义。

校本培训应制度化。一是请社会上水平较高的商务从业人员和商务理论知识扎实、商务操作技能良好、工作经验丰富的教师对没有商务知识的教师进行

集中培训，使之掌握商务基础知识和基本操作技能。二是以老带新，新老教师结对，提高青年教师的教育教学能力。

（二）加强英语基础好、又通晓国际贸易的"双师型"教师队伍建设

随着高校师资队伍建设工作的不断深入发展，双师型教师队伍的建设已经引起了足够的重视，但是毕竟对双师型人才的素质要求较高，因此建立一支高素质能够满足高校教学需求的双师型人才队伍还是个长期的过程。对商务英语教学而言，英语基础好、贸易业务员精通的人才更是凤毛麟角，这就要求各院校加大师资建设的力度和资金投入，要将师资队伍建设尤其是商务英语的双师型队伍建设作为头等大事来抓。

只有合格的教师才能培养出合格的学生，才能保证教学目的的顺利实现和教学质量的提高。针对商务英语教师现状，从以下四方面入手：一是创造条件培训现有的教师，派遣教师到企业顶岗，特别是对没有企业工作经历的专任教师，要安排他们到企业或者外贸单位的生产管理一线岗位进行锻炼，充实他们的实践经验，提高他们的技术技能水平。二是校企联合，把专家学者或者工厂、企业经验丰富的高级商务、管理人员请来担任兼职教师，以补教师队伍的不足。三是鼓励专业教师积极参与校企合作项目的开发及涉外企业员工培训工作，帮助外企企业解决实际问题。四是学校要制定完善的政策，鼓励教师通过学习，考取国际商务单证员、外贸报关员证、报检员证、国际商务单证等海关、商检专业岗位的执业资格证书和职业技能证书，选派教师到先进地区的院校学习深造，选送教师去对口涉外企业进行培训、锻炼，让教师和实习学生一样在企业顶岗上班，积累丰富的实践经验，弥补专职教师在实践方面的不足，使其更好

地为高等教学服务。五是学校要充分发挥"校本"培养的主导作用。校本培训是一种充分发挥学校自身资源优势的自力更生的培养模式，具体实施方法包括：①基础理论课教师、专业理论课教师和职业实践课教师相互取长补短，以传帮、带等方式培养双师型教师。②建立校内培训基地，组织教师定期参加商务专业技能培训和实践锻炼。③定期分批选派素质好的专业教师参加劳动部门组织的商务专业技能培训班脱产学习，并参加商务专业技能登记考核。④聘请职教师资培训基地专家和具有丰富实践经验的国际贸易专业技术人员做教员，利用寒暑假或周末对在职专业教师进行培训。⑤鼓励有条件的专业教师参加骨干教师研修班进修，提高专业理论水平和专业实践能力。

（三）建立社会兼职教师队伍

各高校应积极聘请公司和企业中的成功人士及管理人员走进课堂做兼职教师，从而有效地解决学校师资队伍懂理论而缺乏实践的问题。校内的教师通过与他们的交流，不仅能够真正了解企业的发展动态，以及企业对所需人才的知识和技能要求，而且有利于他们及时进行专业课程的设置与调整，这样才能把教学与实践结合起来，从而培养出合格的商务英语人才。

高校商务英语专业只有不断完善师资建设规划，切实加大自身师资队伍培训的力度，制订近期和远期人才培训目标和计划，加大教师队伍建设的力度，优化教师队伍结构，提高商务英语教师的综合素质，逐步实现教师一专多能，努力建立一支既能够胜任英语语言教学工作又能够传播商务知识和操作技能的高素质教师队伍，才能为社会培养出大批合格的商务人才，为我国在国际商务活动中扮演越来越重要的角色做出贡献。

参考文献

[1] 肖文著.电商大课堂 跨境电商潮 [M].杭州：浙江大学出版社，2018.

[2] 北京吉利学院编著.创新与发展 应用型人才培养研究与实践 [M].北京：
   中国经济出版社，2017.

[3] 邓卓建编.电商企业文化 [M].重庆：重庆大学出版社，2021.

[4] 那淼.旅游电商 [M].北京：北京邮电大学出版社，2018.

[5] 邹益民，黄海滨，高丁莉主编.跨境电商综合实训平台实验教程 [M].
   杭州：浙江大学出版社，2018.

[6] 对外经济贸易大学信息学院.现代服务业人才培养探索与实践 2017 版
   [M].北京：对外经济贸易大学出版社，2017.

[7] 李琪著.电商研究 20 年 [M].重庆：重庆大学出版社，2017.

[8] 甘术恩.经济全球化视域下高职院校培养跨境电商国际商务人才的创新
   路径 [J].品牌研究，2023（12）：57-60.

[9] 孙继旋，张科研.电商背景下实践基地人才培养和资源共享模式的研究：
   以产品设计专业为例 [J].情感读本，2023（12）：147-149.

[10] 吕鹏.跨境电商创业实践课程教学改革研究 [J].中国航务周刊，2023
    （8）：60-62.

[11] 蒋丽芬."电商＋直播"时代播音主持专业教学理念和教育目标的新

构建 [J].河北画报，2023（8）.

[12] 沈雯雯.“互联网+”视域下跨境电商国际市场营销的策略分析 [J].中国商论，2023（07）：59-61.

[13] 钱韧.大数据时代民办高校人才培养“三对接”的新途径新方法研究 [J].老字号品牌营销，2023（07）：180-184.

[14] 陈琳，张希雅，樊莎莎.多维度打造新文科人才培养模式探索 [J].高教学刊，2023（11）：30-34.

[15] 张玉欣，等.行业需求导向型国际贸易实务人才培养模式探究 [J].商情，2023（11）：125-128.

[16] 韩婧怡.数智化时代新商科人才培养模式研究 [J].现代商贸工业，2023（10）：102-104.

[17] 白丽娟，刘天森.数字经济下经管类拔尖创新人才培养模式研究 [J].现代商贸工业，2023（10）：105-107.

[18] 蒙伟伟.协同育人视域下职业本科应用英语专业人才培养模式研究 [J].中国航班，2023（08）：250-254.

[19] 吴丽芬.“校、企、行业、平台”协同共建跨境电商复合型人才培养模式 [J].现代商贸工业，2023（07）：37-40.